Sabine Lösch

breVIA – Arbeitsheft

Vandenhoeck & Ruprecht

Lektion 1

1. Der neue Wortschatz

Ergänzen Sie die deutschen Bedeutungen. Nehmen Sie, wenn nötig, Ihren Lernwortschatz zu Hilfe.

videre	sehen	venire	
facere		non	
ad		dicere	
ubi		sed	
et		est	
apud		si	
nos		neque	
habere		tu	

1.1 Ergänzen Sie den Lückentext mit der richtigen Bedeutung des unterstrichenen Wortes.

»Ubi est servus nequam?	»_____ _____ mein nichtsnutziger Sklave?
Eum non video neque scio, ubi maneat.	Ich _____ ihn _____ _____ ich weiß _____, ___ er bleibt. Was _____ er? –
Quid facit? –	
Heus tu, vicine, num servus meus –?«	Hallo _____, Herr Nachbar, ist mein Sklave –?«
»Quid dicis? Non bene audio.	»Was _____ du? Ich hör _____ gut.
Clamor liberorum et ovium ingens est.«	Der Krach der Kinder _____ Schafe _____ enorm.«
»Servum non video! Estne apud te?«	»Ich _____ meinen Sklaven _____! _____ er _____ dir?«
»Non est, sed si ad nos venit, tibi mittam.	»Er _____ _____ (= nein), _____ _____ er _____ _____ _____, schick ich ihn zu dir.«
Fortasse absconditas delicias et amores clandestinos habet.«	Vielleicht _____ er ja was Gutes zu essen versteckt _____ eine geheime Liebschaft.«
»Gratias ago. Quae si habet, – …«	»Danke. _____ er so was _____, dann …«

1.2 Schreiben Sie eine kurze Geschichte auf Deutsch. Verwenden Sie darin mindestens drei Wörter aus der oben stehenden Liste und fünf weitere aus dem Lektionswortschatz.
(*Bsp.:* Julia kam *(venire)* heute *(hodie)* zu spät nach Hause.)

_____

_____

_____

2. Die neue Grammatik – Verben

ich sehe – video.

Im Lateinischen ist das Personalpronomen »ich« nicht unbedingt nötig, die Information steckt bereits in der Endung. Folgende Endungen stehen für die sechs Personen:

1. Pers. Sg.	habe-O	ICH habe
2. Pers. Sg.		
3. Pers. Sg.		
1. Pers. Pl.		
2. Pers. Pl.		
3. Pers. Pl.		

2.1 Markieren Sie die Personalendung und übersetzen Sie die Verbformen.

a) vide-t	j) cenas
b) dic-o	k) habetis
c) venimus	l) sunt
d) faciunt	m) paramus
e) habet	n) debent
f) dicis	o) audio *(hören)*
g) facitis	p) ludimus *(spielen)*
h) vident	q) capit *(nehmen)*
i) venio	r) putas *(glauben)*

2.2 Ordnen Sie dem lateinischen Satz die passende Übersetzung zu.

a) Iuliam invitas.	1. Er lädt Julia ein.
b) Iuliam invitat.	2. Ihr ladet Julia ein.
c) Iuliam invitamus.	3. Sie laden Julia ein.
d) Iuliam invito.	4. Ich lade Julia ein.
	5. Du lädst Julia ein.
	6. Wir laden Julia ein.

3. Die neue Grammatik – Satzglieder

Ein Satz besteht aus verschiedenen Teilen:

          Plinius   hat   viele Freunde.

          Subjekt   *Prädikat*   *Objekt*

Frage: _____   _____   _____

3.1 Fragen Sie nach den Satzgliedern und benennen Sie sie.

Bsp.: Der Gladiator Syrus | besiegt | den Löwen.

    Subjekt (wer?)   Prädikat (was tut er?)   Objekt (wen oder was?)

a) Das Publikum bejubelt den Sieg des Gladiators.

_____

b) Auch der Kaiser lobt diese Leistung.

_____

c) Er schenkt Syrus die Freiheit.

_____

d) Syrus gründet eine eigene Gladiatorenschule.

_____

3.2 Bestimmen Sie die Kasus im Deutschen. (Mehrdeutigkeit!)

die Frauen – den Mann – das Haus – den Leuten – der Sklavin – des Freundes – ihrer Freunde

4. Die neue Grammatik – Nominativ und Akkusativ

Der 1. Fall (Nominativ) antwortet auf die Frage _____.

Der 4. Fall (Akkusativ) antwortet auf die Frage _____.

Die verschiedenen Fälle erkennt man im Lateinischen an _____.

a-Deklination

Nom. Sg.	famili-**A** die / eine Familie	Nom. Pl.	
Akk. Sg.		Akk. Pl.	

o-Deklination (m.)

Nom. Sg.	amic-**US** der / ein Freund	Nom. Pl.	
Akk. Sg.		Akk. Pl.	

o-Deklination (n.)

Nom. Sg.	vin-**UM** der / ein Wein	Nom. Pl.	
Akk. Sg.		Akk. Pl.	

4.1 Ich sehe was, was du nicht siehst …
Ergänzen Sie im Akkusativ (Sg. oder Pl.) und übersetzen Sie.

a) Video <u>amicum</u> (amicus).	*Ich sehe meinen Freund.*
b) Video _____ (domini).	
c) Videmus _____ (cuncta).	
d) Exspectas _____ (Plinius).	
e) Paratis _____ (cena).	
f) Video _____ (asini et caprae: Esel und Ziegen).	
g) Dicunt _____ (nugae: Unsinn).	
h) Invito _____ (Iulia).	
i) Habeo _____ (vinum).	
j) Cenamus _____ (uvae, caseus, pira: Trauben, Käse, Birnen).	
k) Plinius exspectat _____ (cuncti).	

4.2 Gutes Abendessen – Wer isst was? Bilden Sie aus dem Wortspeicher korrekte Sätze und übersetzen Sie.
Bsp.: Marcus edit olivas. Markus isst Oliven.

_____

_____

_____

_____

edit – edunt *(essen)* | Marcus – Marcum | amici – amicos | Iulia – Iuliam | oliva – olivas
caseus *(Käse)* – caseum | malum *(n., Apfel)* – mala
ursus *(Bär)* – ursi – ursum – ursos | simia *(Affe)* – simiae – simiam – simias

4.3 Bestimmen Sie die unterstrichenen Wörter, geben Sie Frage und Satzgliedfunktion an und übersetzen Sie anschließend.

a) <u>Marcus</u> amicum invitat. _____

_____

b) Amicus <u>Marcum</u> invitat. _____

_____

c) Marcus saepe <u>amicos</u> invitat. _____

_____

d) <u>Amici</u> saepe Marcum invitant. _____

_____

e) <u>Amici</u> veniunt. _____

_____

f) <u>Familiam</u> salutant *(begrüßen)*. _____

_____

Lektion 2

1. Der neue Wortschatz

Ergänzen Sie die deutschen Bedeutungen. Nehmen Sie, wenn nötig, Ihren Lernwortschatz zu Hilfe.

audire		bonus	
multi		petere	
in + Akk.		vita	
occidere		malus	
de		in + Abl.	
cum (NS)		a, ab	
cum + _____		adesse	

1.1 Ergänzen Sie den Lückentext mit der richtigen Bedeutung des unterstrichenen Wortes.

	Ein verunsicherter Redner spricht:
Orator <u>malus</u> sum.	Ich bin ein _____ Redner. _____
<u>Cum</u> <u>multi</u> <u>audiunt</u>, dicere non possum.	_____ Leute _____, kann ich nicht reden.
Neque philosophus <u>bonus</u> sum.	Und ich bin auch kein _____ Philosoph.
Cunctos <u>a</u> periculis defendere et reis <u>adesse</u> studeo, sed me semper fortuna <u>mala</u> et <u>multae</u> curae <u>petunt</u>.	Alle will ich _____ Gefahren verteidigen und den Angeklagten _____, aber mich selber _____ ständig das _____ Schicksal und _____ Sorgen _____.
<u>Cum</u> causas <u>ago</u> et <u>de</u> facinoribus dico, timeo, ne <u>in</u> me ipsum iudicetur.	_____ ich Prozesse _____ und _____ die Vergehen spreche, fürchte ich, dass _____ mich selbst ein Urteil ergeht.
Etiam cum nihil <u>ago</u>, timeo <u>malos</u> atque curae me <u>agunt</u>.	Auch wenn ich nichts _____, habe ich Angst vor _____ Leuten und die Sorgen _____ mich.
Itaque ne amicos quidem <u>peto</u>, quia <u>in</u> via <u>mali</u> me <u>petere</u> et <u>occidere</u> possint.	Deswegen _____ ich nicht einmal mehr zu meinen Freunden, weil mich _____ dem Weg _____ Leute _____ und _____ könnten.
<u>Vitam</u> <u>ago</u> sine gaudiis.	Ich _____ ein _____ ohne Freuden.

1.2 Schreiben Sie eine kurze Geschichte auf Deutsch. Verwenden Sie darin mindestens drei Wörter aus der oben stehenden Liste und fünf weitere aus dem Lektionswortschatz.
(*Bsp.:* Von *(de)* vielen *(multi)* Unglücksfällen hören *(audire)* wir tagtäglich.)

___

2. Die neue Grammatik – *esse*

Wie in vielen Sprachen bildet auch im Lateinischen das Verb »sein« *(esse)* unregelmäßige Formen. Ergänzen Sie.

1. Pers. Sg.	-M	ICH bin
2. Pers. Sg.		
3. Pers. Sg.		
1. Pers. Pl.		
2. Pers. Pl.		
3. Pers. Pl.		

2.1 Bilden Sie die entsprechenden Formen und übersetzen Sie.

est	facit
	cenamus
es	_____ (exspectare)
	habeo
	audiunt
estis	_____ (laborare)

2.2 Erschließen Sie die Bedeutung.

a) ad-esse	b) ab-esse
c) de-esse	d) in-esse

3. Die neue Grammatik - Präpositionen mit Akkusativ und / oder Ablativ

Wie im Deutschen erfordern auch im Lateinischen Präpositionen bestimmte Kasus.
Welche Präposition welchen Kasus erfordert, müssen Sie mitlernen.

Präposition	+ Kasus	dt. Bedeutung
a, ab		
ad		
cum		
de		
sine		

Einige wenige Präpositionen, z. B. *in*, können beide Kasus bei sich führen:

wo? → Abl.   in insula: auf einer Insel
wohin? → Akk.   in insulam: auf eine Insel

Die Präposition *cum* wird bei einigen Pronomina angehängt: mecum – mit mir

3.1 Fragen Sie nach den Präpositionalausdrücken.

Bsp.: Die Piraten segeln nach Kreta.
                      wohin?

a) Auf dieser Insel lebten lange Zeit die Minoer.

_____

b) In dieser Gesellschaft gab es bereits in der Frühzeit handwerkliche Spezialisten.

_____

c) Sie lieferten kunstvolle Ausstattungsstücke in die Paläste.

_____

d) In den Heiligtümern wurden vielerlei Votivgaben gefunden.

_____

3.2 Bestimmen Sie die unterstrichenen Fälle und geben Sie bei *in* an, welche Frage gestellt werden muss.

sine <u>amicis</u> – in <u>vita mea</u> – de <u>periculis</u> – in <u>dominum</u> – ad <u>cenam</u> – cum <u>multis liberis</u>

4. Die neue Grammatik – Ablativ

Der Ablativ beantwortet vor allem die Fragen »_____«?, »_____«?, »_____«?, »_____«? und »_____«?
Bei der Übersetzung ins Deutsche müssen die entsprechenden Präpositionen eingefügt werden.

a-Deklination

Nom. Sg.	famili-a die / eine Familie	Nom. Pl.	familiae
Abl. Sg.	famili-	Abl. Pl.	

o-Deklination (m.)

Nom. Sg.	amic-us der / ein Freund	Nom. Pl.	
Abl. Sg.		Abl. Pl.	

o-Deklination (n.)

Nom. Sg.	vin-um der / ein Wein	Nom. Pl.	
Abl. Sg.		Abl. Pl.	

4.1 Mit wem spiele ich heute?
Ergänzen Sie im Ablativ (Sg. oder Pl.) und übersetzen Sie.

a) *Heute Nachmittag spiele ich* cum <u>amico</u> (amicus) → *mit meinem Freund.*

b) *Morgen spiele ich* cum _____ (Marcus).

c) *Übermorgen spiele ich* cum _____ (Claudia).

d) *Ich spiele oft* cum _____ (cuncti amici).

e) *Ich lache viel* cum _____ (Lena et Sextus).

f) *Ich koche gerne* cum _____ (Nina et aliae puellae¹).

g) *Ich unterhalte mich viel* cum _____ (servi boni).

h) *Ich spiele Streiche* cum _____ (puer malus).

i) *Ich rette* cum _____ (pericula) Hund und Herrchen vor dem Ertrinken.

j) *Ich breche* cum _____ (Plinius et Sempronia) auf.

k) *Zusammen* cum _____ (Plinii) unternehme ich viel.

1 puella: das Mädchen

4.2 womit? wann? wo? wovon? wie? Ergänzen Sie im Ablativ (Sg. oder Pl.) und übersetzen Sie.

Bsp.: Decimā horā (decima hora) amici veniunt.
Zur zehnten Stunde kommen die Freunde.

a) _____ (mala fortuna) amici non veniunt.

_____

b) Gladiatores _____ (gladii) petunt.

Die Gladiatoren _____

c) _____ (multae curae) instamur.

_____ werden wir bedrängt.

d) _____ (multi loci¹) servi laborant.

_____

e) _____ (magna² cura) laboramus.

_____

1 locus: der Ort – **2 magnus**: groß

5. Die neue Grammatik – Adjektive der a- / o-Deklination

Adjektive der a- / o-Deklination werden genauso dekliniert wie Substantive dieser Deklinationen. Sie richten sich in _____, _____ und _____ immer nach ihrem Bezugswort (sogenannte KNG-Kongruenz).

Anders als im Deutschen jedoch müssen Adjektive, die mit *esse* zusammen das Prädikat bilden, mit dem Subjekt übereinstimmen: z. B. cena bona est – das Essen ist gut.

5.1 Ergänzen und übersetzen Sie.

Habeo vinum bon_____.	
Vinum bon_____ est.	
Habeo mult_____ amicos.	
Amici bon_____ sunt.	
Vita mal_____ est.	
Servus vitam mal_____ agit.	

Lektion 2 | 11

Lektion 3

1. Der neue Wortschatz

Ergänzen Sie die deutschen Bedeutungen. Nehmen Sie, wenn nötig, Ihren Lernwortschatz zu Hilfe.

tenere		cogere	
magnus		tibi	
placere		dare	
vir		filius	

1.1 Ergänzen Sie den Lückentext mit der richtigen Bedeutung des unterstrichenen Wortes.

Duo viri in palaestra stant.	Zwei _____ stehen auf dem Sportplatz.
Athletae placent spectatoribus.	Die Athleten _____ den Zuschauern.
Magni sunt.	Sie sind _____.
Ecce! Alter alterum tenet.	Schau! Der eine _____ den anderen.
Sed alter magna voce clamat:	Aber der andere ruft mit _____ Stimme:
»Tibi verbera do! Tu es filius effeminatus!«	»Ich _____ _____ Schläge! Du bist ein verweichlichter _____!«
Et alterum cogit pugnā desistere.	Und er _____ den anderen, den Kampf aufzugeben.

1.2 Schreiben Sie eine kurze Geschichte auf Deutsch. Verwenden Sie darin mindestens drei Wörter aus der oben stehenden Liste und fünf weitere aus dem Lektionswortschatz.

_____

_____

_____

_____

_____

_____

1.3 Übersetzen Sie.

a) Necessitas nos cogit.	a) Eine Notlage _____ uns.
b) Servus domino non placet.	b) Der Sklave _____ dem Herrn nicht.
c) Plinius filio donum magnum dat.	c) Plinius _____ seinem Sohn ein _____ Geschenk.
d) Filius donum tenet.	d) _____ _____ das Geschenk (in der Hand).

2. Die neue Grammatik – Imperativ

Wie im Deutschen gibt es auch im Lateinischen eine spezielle Befehlsform für die 2. Person Singular und Plural. Im Lateinischen enden die Formen im Singular auf den Stammvokal (Ausnahme: kons. Konj.: Endung -e), im Plural wird _____ angefügt.

schau!	schaut!	_____	_____
vide	videte	audi!	audite

2.1 Ergänzen Sie die Formen und übersetzen Sie.

Infinitiv	Imperativ Sg.	Imperativ Pl.
	pete	petite
	sali	
dare		
		clamate
exercere		
tacere		
		cogite
emere		
		este
	fac	
	dic	

Lektion 3 | 13

3. Die neue Grammatik – Genitiv

Wie im Deutschen gibt der Genitiv im Lateinischen meist ein Attribut an und beantwortet die Frage »wessen?« (z. B. die Sorge *des Herrn*).

a-Deklination

Nom. Sg.	famili-a	die / eine Familie	Nom. Pl.	familiae
Gen. Sg.	famili-**AE**	der / einer Familie	Gen. Pl.	

o-Deklination (m. / n.)

Nom. Sg.	amic-us	der / ein Freund	Nom. Pl.	
Gen. Sg.			Gen. Pl.	

3.1 Unterstreichen Sie die Genitivattribute und bilden Sie (soweit möglich) jeweils den anderen Numerus.
Bsp.: Das Interesse der gebildeten Römer richtete sich auf die Kultur der Griechen.
  eines gebildeten Römers

a) Vor allem die Schriften der Rhetoren und Philosophen gehörten zum Lehrplan der Antike.

b) Die Privatlehrer der Söhne der Oberschicht gehörten zwar oft dem Sklavenstand an, wurden aber wegen des hohen Grades ihrer Bildung sehr geschätzt.

c) Daher verlangten die Eltern von ihren Söhnen großen Respekt vor der Person eines solchen Lehrers.

d) Besonders fortschrittliche Eltern legten sogar Wert auf Mädchenbildung und ließen ihre Töchter am Unterricht der Söhne teilnehmen.

3.2 Wessen Toga ist das? Ergänzen und übersetzen Sie.

Haec est toga / stola¹ …   **1 stola**: langes Kleid der römischen Frauen

a) _____ (Quintus)	e) _____ (Aurelia)
b) _____ (Augustus)	f) _____ (filiae)
c) _____ (Livia)	g) _____ (domini)
d) _____ (philosophi)	h) _____ (Publius)

4. Die neue Grammatik - Dativ

Wie im Deutschen bildet der Dativ auch im Lateinischen das indirekte Objekt und beantwortet die Frage »_____?«.

a-Deklination

Nom. Sg.	famili-a	die / eine Familie	Nom. Pl.	familiae
Dat. Sg.	famili-**AE**	der / einer Familie	Dat. Pl.	

o-Deklination (m. / n.)

Nom. Sg.	amic-us	der / ein Freund	Nom. Pl.	
Dat. Sg.			Dat. Pl.	

4.1 Fragen Sie auf Deutsch nach den lateinischen Wendungen und übersetzen Sie.

a) Wir stellen *servo bono* ein gutes Arbeitszeugnis aus.

_____

b) Egoisten helfen *aliis* nur, wenn es ihnen etwas bringt.

_____

c) Die Sklaven bereiten *domino et filiis* das Essen.

_____

d) Die Mutter befiehlt *liberis*, besonders aber *filiae*, brav zu sein.

_____

4.2 Deklinationstabellen
Füllen Sie die Tabellen aus. Markieren Sie mehrdeutige (d. h. gleiche) Endungen farbig.

Nom.	vit-A	
Gen.		
Dat.		
Akk.		
Abl.		

Nom.	fili-US	
Gen.		
Dat.		
Akk.		
Abl.		

Nom.	pericul-UM	
Gen.		
Dat.		
Akk.		
Abl.		

4.3 Satzbaukasten: Bilden Sie aus dem Formenspeicher fünf Sätze und übersetzen Sie.
Sie müssen / können nicht in allen Sätzen alle Kasus unterbringen.

Nom. (wer?)	*Gen. (wessen?)*	*Dat. (wem?)*	*Akk. (wen / was?)*	*Prädikate*
Marcus	domini	servo	togam	videt / vident
Servilia	servi	amico	curas	audit / audiunt
filiae	servorum	puero	vinum	dat / dant
servus	familiae	liberis	aquam	tenet / tenent
viri	amicorum	equo (Pferd)	animum	exercet / exercent
philosophi	filiae	viro	equum (Pferd)	metuit / metuunt

Bsp.: Marcus togam domini videt.

→ »Marcus sieht die Toga des Herrn«.

Lektion 4

1. Der neue Wortschatz

Ergänzen Sie die deutschen Bedeutungen. Nehmen Sie, wenn nötig, Ihren Lernwortschatz zu Hilfe.

omnis		totus	
pugna		movere	
mors		homo	
ars		omnes	
posse		corpus	
acer		nomen	
ingens		populus	

1.1 Ergänzen Sie den Lückentext mit der richtigen Bedeutung des unterstrichenen Wortes.

Antiquis temporibus tota urbs statuis ornata erat.	In alten Zeiten war die _____ Stadt Rom mit Statuen geschmückt.
Ars sculptorum mentes hominum movet. Nam corpora non solum athletarum, sed etiam eorum, qui in pugna ingentibus viribus pugnant, ex marmore acribus instrumentis fecerunt.	_____ der Bildhauer _____ die Gemüter der _____. Denn sie formten nicht nur _____ von Athleten, sondern auch derer, die in einem _____ mit _____ Anstrengungen kämpfen, aus Marmor mit _____ Werkzeugen.
Interdum vel momentum mortis conservatum est. Multas statuas etiam hodie spectare possumus.	Manchmal ist sogar der Augenblick des _____ festgehalten. Viele Statuen _____ wir auch heute noch anschauen.
Sed nomina sculptorum non in omni populo nota sunt.	Aber die _____ der Bildhauer sind nicht in _____ _____ bekannt.

1.2 Schreiben Sie eine kurze Geschichte auf Deutsch. Verwenden Sie darin mindestens drei Wörter aus der oben stehenden Liste und fünf weitere aus dem Lektionswortschatz.

_____

_____

_____

_____

1.3 Finden Sie die passende Übersetzung.

a) <u>Magnā voce</u> clamare	a) Mit _____ _____ rufen
b) <u>toto corpore</u> vulnerari	b) ____ _____ _____ verwundet werden
c) <u>omnes</u> boni	c) _____ Guten
d) <u>omnia</u> bona	d) _____ Gute
e) timorem <u>pellere</u>	e) die Furcht _____

2. Die neue Grammatik – die 3. Deklination

Anders als die Substantive und Adjektive der a-/o-Deklination sind die Wörter, die zur 3. Deklination gehören, nicht an einheitlichen _____ im Nominativ Singular zu erkennen. Auch welches Genus die Substantive haben, muss mitgelernt werden.

Nom. Sg.	homo (m.) der/ein Mensch	Nom. Pl.	
Gen. Sg.	homin-**IS**	Gen. Pl.	
Dat. Sg.		Dat. Pl.	
Akk. Sg.		Akk. Pl.	
Abl. Sg.		Abl. Pl.	

Bei Neutra ist die Endung im Nominativ und Akkusativ _____, im Plural _____.

KNG-Kongruenz: Substantiv und dazugehörende Adjektive haben unterschiedliche Endungen, wenn sie nicht zur selben Deklination gehören.

2.1 Ergänzen Sie in der Tabelle jeweils ein Adjektiv der 3. Deklination und eines der a-/o-Deklination.

Nom. Sg.	ars ingens et bona	Nom. Pl.	
Gen. Sg.	art-**is**	Gen. Pl.	
Dat. Sg.		Dat. Pl.	
Akk. Sg.		Akk. Pl.	
Abl. Sg.	ingenti	Abl. Pl.	

2.2 Ergänzen Sie die Adjektive in Klammern im entsprechenden Fall.

populo _____ (ingens)   victores _____ (senex)

corpora _____ (omnis)   in pugna _____ (acer)

2.3 Satzbaukasten: Bilden Sie aus dem Formenspeicher fünf Sätze und übersetzen Sie.
    Sie müssen/können nicht in allen Sätzen alle Kasus unterbringen.

| Nom. | Gen. | Dat. | Akk. | Abl. | Prädikate |
wer?	wessen?	wem?	wen/was?		
populus	oculorum	iuveni	mortem	gladiis	audit/audiunt
Publius	senis	liberis	vulnera	ferro	pellit/pellunt
homines	servorum	oculo	nomen	vulneribus	dat/dant
servus	gladiatorum	pugnae	artes	voce	tenet/tenent
iuvenis	filiae	voci	animum	caede	exercet/exercent
oculi	mortis	corporibus	vocem		metuit/metuunt

Bsp.: Servus nomen senis audit.
→ »Der Sklave hört den Namen des alten Mannes.«

Lektion 5

1. Der neue Wortschatz

Ergänzen Sie die deutschen Bedeutungen. Nehmen Sie, wenn nötig, Ihren Lernwortschatz zu Hilfe.

equus		gravis	
atque / ac		tradere	
incipere		miles	
hostis		nisi	
mittere		aperire	
copia		iubere	
ferre		deus	

1.1 Ergänzen Sie den Lückentext mit der richtigen Bedeutung des unterstrichenen Wortes.

Romani multa bella cum hostibus gesserunt.	Die Römer führten viele Kriege gegen ihre _____.
Milites pericula ferre debuerunt. Nam copiae arma gravia gerentes non semper pabulum equis atque cibos habebant.	Die _____ mussten Gefahren _____. Denn die _____, die _____ _____ trugen, hatten nicht immer Futter für _____ _____ Nahrung.
Quare imperator aliquos milites mittit, qui copias ciborum apportent.	Deswegen _____ der Feldherr einige Soldaten aus, die _____ an Nahrung herbeibringen sollen.
Saepe autem imperatores dicunt: »Nolite latus aperire! Hoc vos iubeo: pugnam acrem incipite! Vincere possumus, nisi dei nos destituent!«	Oft aber sagen die Feldherren: Achtet darauf, die Seite nicht zu _____. Das _____ ich euch: _____ einen hitzigen Kampf _____! Wir können gewinnen, _____ uns die _____ _____ im Stich lassen!«

1.2 Schreiben Sie eine kurze Geschichte auf Deutsch. Verwenden Sie darin mindestens drei Wörter aus der oben stehenden Liste und fünf weitere aus dem Lektionswortschatz.

_____

_____

_____

1.3 Lateinische Wörter und ihr Fortwirken

Nennen Sie zu den fremdsprachlichen Begriffen bzw. zu den deutschen Fremdwörtern jeweils das lateinische Ausgangswort, gegebenenfalls mit Stammformen.

Mission		Gravitation	
Tradition		hostile (engl.)	
trans-late (engl.)		Jussiv	

2. Die neue Grammatik – u-Deklination

Zur u-Deklination gehören ausschließlich Substantive, also keine Adjektive. Die meisten Wörter der u-Deklination sind maskulin.

Nom. Sg.	fluct-**us** die / eine Welle	Nom. Pl.	
Gen. Sg.		Gen. Pl.	
Dat. Sg.		Dat. Pl.	
Akk. Sg.		Akk. Pl.	
Abl. Sg.		Abl. Pl.	

2.1 Markieren Sie in der Tabelle die mehrdeutigen, d. h. identischen Endungen.

2.2 Stellen Sie alle Endungen der u-Deklination zusammen, die auch in anderen Deklinationen auftreten und benennen Sie jeweils Kasus und Numerus.

_____

_____

_____

_____

2.3 Benennen Sie alle Wörter, die zweifelsfrei der u-Deklination angehören müssen, und geben Sie zu allen Wörtern die Grundform an.

navium – telum – fluctuum – gravi – aperi – metui – usui – hostibus – exercitu – latus – equum

3. Die neue Grammatik – Perfekt

Anders als im Deutschen ist das Perfekt im Lateinischen das normale Erzähltempus für Handlungen in der _____. Bei der Übersetzung ist daher im Normalfall das deutsche _____ die korrekte Wiedergabe.

Das Perfekt bildet im Lateinischen einen eigenen Stamm, den _____.
Verben der a-Konjugation: meist V-Perfekt → exspectaVi
Verben der e-Konjugation: meist U-Perfekt: → habUi
Verben der anderen Konjugationen: unregelmäßig, die Perfektform muss in der Stammformenreihe mitgelernt werden.

An den Perfektstamm treten dann die Personalendungen für das Perfekt:

1. Pers. Sg.	exspectav I	ich habe gewartet / ich wartete
2. Pers. Sg.	exspectav__	
3. Pers. Sg.	exspectav__	
1. Pers. Pl.	exspectav__	
2. Pers. Pl.	exspectav__	
3. Pers. Pl.	exspectav__	

3.1 Bilden Sie zu folgenden deutschen Verben das Präteritum (3. Pers. Sg.).

kämpfen – sein – denken – befehlen – kommen – zurückstoßen

3.2 Übersetzen Sie folgende Verben.

a) tenu-it	j) aperuerunt
b) habu-erunt	k) tulisti
c) mov-i	l) coepi
d) fec-imus	m) tradidit
e) mis-isti	n) iussimus
f) dix-i	o) viderunt
g) pugnav-erunt	p) potuit
h) incitav-it	q) fuerunt
i) ven-istis	r) debuistis

3.3 Präsens oder Perfekt? Entscheiden und übersetzen Sie.

a) veniunt	h) fuit
b) venerunt	i) fecimus
c) dixisti	j) facimus
d) ferunt	k) misit
e) coepimus	l) mittit
f) vidit	m) tradit
g) videt	n) tradidit

4. Die neue Grammatik – das Partizip der Vorzeitigkeit Passiv (PVP)

Das Partizip der Vorzeitigkeit Passiv ist die letzte der Stammformen. Es wird wie ein Adjektiv in _____ an das Bezugswort angeglichen. Die entsprechende Form im Deutschen ist das Partizip II (z. B. apertus, a, um: geöffnet).

Bildung:
– Verben der a-Konjugation: meist -A-TUS (z. B. exspectatus)
– Verben der e-Konjugation: meist -I-TUS (z. B. habitus)
– Verben der i-Konjugation: meist -I-TUS (z. B. auditus)
– Verben der anderen Konjugationen: unregelmäßig, die Partizipform muss in der Stammformenreihe mitgelernt werden.

4.1 Bilden Sie die Partizipformen II im Deutschen

tragen – befehlen – öffnen – erkennen – bekommen – übergeben – geben – bewegen

4.2 Ergänzen Sie die korrekten Partizipformen und übersetzen Sie. Beachten Sie Kasus und Numerus!

a) dei_____ (vocare)	
b) equos _____ (incitare)	
c) pugnae _____ (incipere)	
d) copiae _____ (petere)	
e) cena _____ (facere)	

Lektion 6

1. Der neue Wortschatz

Ergänzen Sie die deutschen Bedeutungen. Nehmen Sie, wenn nötig, Ihren Lernwortschatz zu Hilfe.

impetus		legatus	
vincere		quod	
servare		circum	
suus		pax	
proelium		vero	
signum		fuga	

1.1 Ergänzen Sie den Lückentext mit der richtigen Bedeutung des unterstrichenen Wortes.

Equites <u>circum</u> copias vehuntur et <u>signum</u> impetui dant.	Die Reiter reiten _____ die Truppen _____ und geben das _____ zum _____.
Milites <u>fugae</u> se tradunt, <u>quod</u> hostes in <u>proelio</u> <u>vicerunt</u>.	Die Soldaten begeben sich auf die _____, _____ die Feinde in der _____ _____.
Hostes <u>victi</u> ad litus veniunt et mari vitam <u>servare</u> student.	Die _____ Feinde kommen zur Küste und wollen zu Wasser ihr Leben _____.
<u>Pauci</u> post <u>proelium</u> in castris hostium cum <u>legatis</u> de <u>pace</u> agunt.	Nur _____ verhandeln nach der _____ im Lager der Feinde mit _____ über den _____.

1.2 Schreiben Sie eine kurze Geschichte auf Deutsch. Verwenden Sie darin mindestens drei Wörter aus der oben stehenden Liste und fünf weitere aus dem Lektionswortschatz.

_____

_____

_____

_____

2. Die neue Grammatik – Imperfekt

Mit dem Imperfekt betont der Autor, dass ein Ereignis zum damaligen Zeitpunkt gerade ablief und noch nicht abgeschlossen war (vgl. im Englischen _____).
Wie das lateinische Perfekt wird es meist ebenfalls mit dem deutschen _____ übersetzt.

Das Imperfekt wird gebildet mit dem Tempuskennzeichen _____, das an den _____-Stamm angehängt wird.

1. Pers. Sg.	serva-BA-m	ICH rettete
2. Pers. Sg.	serva-BA-s	
3. Pers. Sg.		
1. Pers. Pl.		
2. Pers. Pl.		
3. Pers. Pl.		

Die Formen von *esse* werden anders gebildet:

1. Pers. Sg.	ERA-M	ICH war
2. Pers. Sg.	ERA-S	
3. Pers. Sg.		
1. Pers. Pl.		
2. Pers. Pl.		
3. Pers. Pl.		

2.1 Übersetzen Sie folgende Verben.

a) capiebat	i) servatis
b) ferebamus	j) pellebam
c) iubebant	k) movent
d) mittebam	l) dabat
e) conspiciebatis	m) habebamus
f) deeras	n) dicit
g) complebatis	o) vincis
h) consistebant	p) iactabant

3. Die neue Grammatik – Plusquamperfekt

Die Formen des Plusquamperfekts, z. B.

incitav-eram

werden gebildet aus dem _____ + _____ von _____.
Genau wie im Deutschen bezeichnet das Plusquamperfekt Ereignisse, die _____
_____ liegen.

3.1. Geben Sie an, aus welchen Bestandteilen im Deutschen das Plusquamperfekt gebildet wird.

ich war gekommen   er hatte gefragt

_____   _____

3.2 Setzen Sie die folgenden Perfektformen ins Plusquamperfekt und übersetzen Sie.

Perfekt	Plusquamperfekt	Übersetzung des Plusquamperfekts
conspexerunt	conspex-erant	sie hatten erblickt
vici		
fuit		
complevisti		
servavit		
iactavimus		
dedi		
coepistis		
iusserunt		
aperui		
tulit		
fecit		

3.3 Sortieren Sie folgende Verbformen nach Tempus (und übersetzen Sie mündlich).

dicebam – venerant – sumus – habuit – audiveras – metuit – exspectabat – tenueras – tulit – peto – miseras – dixit – incipiunt – facit – ceperunt – vincebat

Präsens	Imperfekt	Perfekt	Plusquamperfekt

26 | Lektion 6

Lektion 7

1. Der neue Wortschatz

Ergänzen Sie die deutschen Bedeutungen. Nehmen Sie, wenn nötig, Ihren Lernwortschatz zu Hilfe.

negare		constituere	
respondere		senatus	
ita		finis	
mens		forum	
poena		iniuria	
oportet		relinquere	

1.1 Ergänzen Sie den Lückentext mit der richtigen Bedeutung des unterstrichenen Wortes.

»Ecce, malefici! In senatu leges pravas constituerunt. Iniuria ingens est. Itaque poena in foro sumatur! Ita oportet.«	»Schau, solche Verbrecher! Im _____ haben sie miese Gesetze _____. Das _____ ist riesig. Deswegen soll die _____ auf dem _____ vollzogen werden! ____ _____.«
»Recte! In mente eos ipse occidi. Finis iniuriarum sit. Senatores civitatem bonis viris relinquere studere debent. Heus, malefici, quid dicitis?«	»Ganz genau! In meinem _____ hab ich sie schon selbst umgebracht. Es soll ein _____ mit _____ sein. Die Senatoren müssen sich bemühen, den Staat anständigen Leuten zu _____. He, ihr Verbrecher, was sagt ihr dazu?«
Sed ›malefici‹ non respondent vel crimina negant.	Aber die ›Verbrecher‹ _____ nicht oder _____ die Vergehen.

1.2 Schreiben Sie eine kurze Geschichte auf Deutsch. Verwenden Sie darin mindestens drei Wörter aus der oben stehenden Liste und fünf weitere aus dem Lektionswortschatz.

_____

_____

_____

_____

1.3 Erschließen Sie aufgrund Ihrer Vokabelkenntnis die Bedeutung der Wörter!

crudelis, is, e	*verwandt mit* crudelitas (Grausamkeit)	→	grausam
finire		→	
nudare		→	
punire (u < oe)		→	
de-mentia		→	

1.4 Lateinische Wörter und ihr Fortwirken: Nennen Sie zu den den englischen Wörtern jeweils das lateinische Ausgangswort und seine Bedeutung.

permit	*von*	crude	
injure		constitution	
promise		mental	

2. Die neue Grammatik – der AcI

Der _____ cum _____, kurz AcI, ist eine typisch lateinische Konstruktion.
Er steht häufig nach Wörtern des _____
_____.
Im Deutschen wird der AcI mit einem _____-Satz wiedergegeben.

2.1 Markieren Sie nach dem Vorbild im AcI den Subjektsakkusativ und den Prädikatsinfinitiv und ordnen Sie sie der entsprechenden Übersetzung zu.

Mater dicit <u>servos</u> in foro cibos <u>emere</u>.
              ↓   ↓
Die Mutter sagt, dass die Sklaven auf dem Forum Nahrungsmittel einkaufen.

a) Caesar fert   Germanos   hostes deis   tradere.

   Caesar berichtet, dass die Germanen Feinde den Göttern übergeben.

b) Constat leges non semper iustas esse.

   Es ist bekannt, dass Gesetze nicht immer gerecht sind.

c) Verres negat multas statuas Siciliae in domo sua esse.

   Verres bestreitet, dass viele Statuen aus Sizilien in seinem Haus seien.

d) Videmus omnes beatos esse studere.

   Wir sehen, dass alle danach streben, glücklich zu sein.

2.2 Stellen Sie alle Ihnen bislang bekannten lateinischen Wörter zusammen zum Thema
a) Sinneswahrnehmung – b) Sprechen – c) Fühlen.

2.3 Satzbaukasten: Bilden Sie aus dem Formenspeicher fünf AcI-Sätze und übersetzen Sie.

Subjekt	AcI-Auslöser	Subjektsakkusativ	Erweiterung	Infinitiv
Romani	dicit / dicunt	vos	impetum	ferre
Barbari	negat / negant	milites	statuam	relinquere
Caesar	respondet / respondent	hostem	in proelio	tenere
Omnes	videt / vident	amicos	forum	facere
		caedem	oppidum	vincere
		copiam	equos	magnam esse

Bsp.: Caesar dicit hostem equos relinquere.
→ Caesar sagt, dass der Feind seine Pferde zurücklässt.

2.4 AcI oder einfache Infinitivkonstruktion? Entscheiden und übersetzen Sie.

a) Romani constituerunt pacem servare.

b) Nuntius narrat Romanos pacem servare.

c) Imperator[1] videt milites hostes vincere posse.

d) Pauci oppidum vivi relinquere potuerunt.

1 imperator: der Feldherr

Lektion 8

1. Der neue Wortschatz

Ergänzen Sie die deutschen Bedeutungen. Nehmen Sie, wenn nötig, Ihren Lernwortschatz zu Hilfe.

ardere		libertas	
caedere		lux	
civis		medius	
ducere		miser	
gratia		nullus	
ire		prope	
is / ea / id		referre	
iter		trahere	
laudare		vivere	

1.1 Ergänzen Sie den Lückentext mit der richtigen Bedeutung des unterstrichenen Wortes.

Scriptores haec <u>referunt</u>:	Schriftsteller _____ Folgendes:
Post incendium urbis Romae <u>cives miseri</u> erant.	Nach dem Brand in der Stadt Rom waren die _____ _____. _____ in
<u>Media</u> nocte <u>lux</u> erat tamquam meridie:	der Nacht gab es _____ wie am hellichten Tag:
aedificia <u>ardebant</u>, vigiles et fabri aderant, sed <u>gratia</u> <u>civium</u> non erat.	Gebäude _____, Polizei und Feuerwehr waren zur Stelle, aber _____ der _____ gab es nicht.
Ecce! <u>Ii</u>, qui bona secum <u>ducunt</u> et <u>trahunt</u>, deos <u>laudant</u>.	Schau! _____, die ihren Besitz mit sich _____ und _____, _____ die Götter. Andere haben
Alii <u>nulla</u> bona habent.	_____ Besitz mehr.
Sed <u>vivunt</u> et <u>iter</u> faciunt ad propinquos.	Aber sie _____ und machen eine _____ zu ihren Verwandten.
<u>Ii</u> quoque se <u>gratiae</u> deorum tradunt.	Auch _____ vertrauen sich der _____ der Götter an.

1.2 Schreiben Sie eine kurze Geschichte auf Deutsch. Verwenden Sie darin mindestens drei Wörter aus der oben stehenden Liste und fünf weitere aus dem Lektionswortschatz.

___

___

___

___

2. Die neue Grammatik – das Pronomen is / ea / id

Typisch für Pronomina sind die Endungen -ius (Gen. Sg.) und -i (Dat. Sg.), ansonsten entsprechen die Endungen von is / ea / id denen der a- / o-Deklination:

Nom. Sg.	is / ea / id	Nom. Pl.	
Gen. Sg.	eius	Gen. Pl.	
Dat. Sg.		Dat. Pl.	
Akk. Sg.		Akk. Pl.	
Abl. Sg.		Abl. Pl.	

Funktionen und Übersetzung:
- Nichtreflexives Personalpronomen der 3. Person: **er** / _____ / _____
- Im Genitiv: Nichtreflexives Possessivpronomen der 3. Person: **sein** / **ihr**
- Demonstrativpronomen: **dieser** / _____ / _____

2.1 Übersetzen Sie die lateinischen Formen.

Auch das altehrwürdige Heiligtum der Ceres hat Verres geplündert: Wenn man nach Catina kommt, sieht man *eius* Statue aus Marmor. *Ea* ist allerdings nur den Frauen bekannt, weil Männer *eius* Tempel gar nicht betreten dürfen. Verres' Sklaven allerdings kümmerte *id* gar nicht. Als die Priesterinnen *eas* Vorfälle bekannt machten, waren alle sehr über *iis* Dinge betrübt. Weil die Gefahr bestand, dass man *eum* selbst hinter dem Ganzen vermutete, entwarf Verres eine Gegenstrategie: Er schickte jemanden aus, damit *is* irgendjemanden ausfindig machte, der in *eo* Punkt angeklagt und verurteilt werden sollte. Ein Sklave wurde also bezichtigt. Falsche Zeugen traten gegen *eum* auf. Die Mitglieder des Stadtrats jedoch bestellten nach *eorum* Gewohnheit die Priesterinnen als Zeugen ein. *Eae* bezeugten, dass nicht *is* Sklave, sondern *ii* des Verres an *eo* Ort gewesen seien, von wo die Statue verschwunden sei. Durch *earum* Aussage wurde schließlich *is* Sklave einstimmig freigesprochen. Allerdings gelang es auch nicht, *eos* zu finden, die *eam* geraubt hatten.

3. Die neue Grammatik – *ire*

Beim Verb *ire* wechselt im Präsensstamm der Anlaut vor vokalischem Suffix von i zu e. Der Perfektstamm ist regelmäßig.

	Präsens	_____	Perfekt	_____
1. Sg.	eo	i-ba-m	ii	ieram
2. Sg.	is	i_____	_____	_____
3. Sg.	i_____	i_____	_____	_____
1. Pl.	i_____	i_____	_____	_____
2. Pl.	i_____	i_____	_____	_____
3. Pl.	eunt	i_____	_____	_____

4. Die neue Grammatik – AcI mit Subjektseinheit

Quintus sagt, dass er sich über die Geschenke sehr freue.

Dieser Satz ist im Deutschen mehrdeutig, da sich »er« sowohl auf _____ als auch auf eine andere männliche Person beziehen kann.

Im Lateinischen hingegen ist ein eindeutiger Bezug möglich.
Ist Quintus derjenige, der sich freut, wird dies durch *se* ausgedrückt:
*Quintus dicit **se** de donis gaudere.* ◄──► *Quintus dicit **eum** de donis gaudere.*

Sind also das Subjekt des übergeordneten Satzes und der Subjektsakkusativ des AcIs identisch, wird im Lateinischen im Sg. / Pl. das Reflexivpronomen *se* verwendet.

4.1 Übersetzen Sie.

Romani putant …

a) se dominos omnium esse. _____

b) se omnes hostes vincere. _____

c) se auxilium deorum habere. _____

4.2 *se* oder *eum*? Entscheiden Sie.

a) Caesars Frau prophezeite, dass <u>er</u> den Besuch der Senatssitzung nicht überleben werde.
b) Brutus rief, dass <u>er</u> niemanden fürchte.
c) Cassius sagte über Caesar, dass <u>er</u> von allen gehasst werde.
d) Brutus behauptete, <u>er</u> sei kein Vatermörder.

5. Die neue Grammatik – AcI mit Infinitiv Perfekt

Natürlich ist es auch möglich, Ereignisse zu berichten, die vor dem Sprechzeitpunkt liegen. Dann steht im Lateinischen der Infinitiv _____. Man erkennt ihn an der Endung _____.

Übersetzt wird der Infinitiv Perfekt im AcI mit _____.
Caesar narrat / narravit se hostes vicisse.
Caesar berichtet(e), dass er die Feinde besiegt habe.

5.1 Nennen Sie jeweils Infinitiv Präsens und die Bedeutung.

fuisse	
tulisse	
coepisse	
vidisse	
potuisse	
rettulisse	
dedisse	

5.2 Satzbaukasten: Bilden Sie aus dem Formenspeicher vier AcI-Sätze und übersetzen Sie.

Subjekt	AcI-Auslöser	Subjektsakkusativ	Erweiterung	Infinitiv
Caesar	dicit / dicunt	se	in proelio	pugnavisse
Romani	dixit / dixerunt	amicos	equos	miseros esse
Plinius	negat / negant	hostes	auxilium	misisse
Seneca	videt / vident	cives	e nave	vincere
			iniuriis	reliquisse

Bsp.: *Caesar dicit hostes equos reliquisse.*
→ Caesar sagt, dass die Feinde ihre Pferde zurückgelassen haben.

Lektion 9

1. Der neue Wortschatz

Ergänzen Sie die deutschen Bedeutungen. Nehmen Sie, wenn nötig, Ihren Lernwortschatz zu Hilfe.

abire		modo	
amor		mons	
inquit		stare	
ponere		ibi	
manus		fortis	
puella		pater	
pes		ignis	
qui		rex	
dextra		inter	
unda		terra	

1.1 Ergänzen Sie den Lückentext mit der richtigen Bedeutung des unterstrichenen Wortes.

Pater Oedipi rex Thebarum erat. Is aliquando pedibus Delphos abiit.	Der _____ des Ödipus war _____ von Theben. Dieser _____ eines Tages zu _____ nach Delphi.
Nam uxor ei amore coniuncta nondum puerum vel puellam pepererat.	Denn seine Frau, die ihm in _____ verbunden war, hatte noch keinen Jungen oder _____ zur Welt gebracht.
Tum inter montes Delphicae vallis templum Apollinis petit.	Da suchte er _____ _____ im Tal von Delphi den Apollontempel auf.
Ibi dona deo in terra ponit.	_____ _____ er die Geschenke für den Gott auf _____.
Tum oraculum accipit: Pythia vates »O rex«, inquit, »fortis esse debes.	Dann erhielt er ein Orakel. Die Seherin Pythia _____: »O _____, du musst _____ sein. Du wirst einen Sohn bekommen.
Filium habebis. Is manibus suis patrem necabit et matrem in matrimonium ducet.«	Dieser wird mit seinen _____ seinen Vater töten und seine Mutter heiraten.«
Re vera hoc accidit. Deinde Oedipus ferrum igne calefecit et dextra sibi oculos effodit.	Tatsächlich kam es so. Danach brachte Oedipus ein Eisen im _____ zum Glühen und stach sich mit seiner _____ die Augen aus.

1.2 Schreiben Sie eine kurze Geschichte auf Deutsch. Verwenden Sie darin mindestens drei Wörter aus der oben stehenden Liste und fünf weitere aus dem Lektionswortschatz.

___

___

___

___

1.3 Lateinische Wörter und ihr Fortwirken:
Nennen Sie zu den fremdsprachlichen Begriffen jeweils das lateinische Ausgangswort und seine Bedeutung.

main (frz.):		destra (it.):	
fort (frz.):		amour (frz.):	
terre (frz.):		piede (it.):	
onda (it.):		monte (it.):	

2. Die neue Grammatik – das Relativpronomen qui / quae / quod

Das Relativpronomen weist wie andere Pronomina die typischen Endungen -_____ (Gen. Sg.) und -_____ (Dat. Sg.) auf.

Nom. Sg.	qui / quae / quod	der / die / das welcher / welche / welches
Gen. Sg.	cu_____	dessen / deren / dessen welches / welcher / welches
Dat. Sg.	cu_____	
Akk. Sg.	quem / quam / _____	
Abl. Sg.	qu___ / qu___ / qu___	mit _____

Nom. Pl.	qui / quae / quae	
Gen. Pl.		
Dat. Pl.		
Akk. Pl.		
Abl. Pl.		

Relativpronomina leiten einen _____satz ein. Mit ihrem Bezugswort im übergeordneten Satz stimmen sie in _____ und _____ überein. Der Kasus des Relativpronomens richtet sich jedoch nach seiner Satzgliedfunktion im Relativsatz.

Häufige Verbindungen sind: *id, quod* bzw. *ea, quae*: das, was.

2.1 Kreisen Sie das Relativpronomen ein und unterstreichen Sie das Bezugswort im übergeordneten Satz. Bestimmen und erläutern Sie außerdem den Kasus des Relativpronomens.

Laios, der mit seiner Frau kinderlos geblieben war, suchte Rat bei Apoll.
Nom., da Subjekt zu »geblieben war«

1. Nach seiner Rückkehr berichtete Laios ihr von dem Orakel, das er erhalten hatte.

   _____

2. Das Kind, das sie gebar, wurde auf Befehl des Königs ausgesetzt.

   _____

3. Ein Hirt fand jedoch den Knaben, der jämmerlich weinte, und brachte ihn nach Korinth an den Hof des Königs.

   _____

4. Als junger Erwachsener verließ Ödipus Korinth, nachdem er erfahren hatte, er werde denen, die er für seine Eltern hielt, Schaden zufügen.

   _____

5. Aufgewühlt tötete er unterwegs einen alten Mann, der sich ihm in den Weg stellte.

   _____

6. Iokaste, die Witwe des Königs, der er den Hof machte, heiratete ihn.

   _____

7. So war das Orakel in Erfüllung gegangen: Der Mann, den er getötet hatte, war sein leiblicher Vater gewesen – und Iokaste seine Mutter.

   _____

2.2 Wählen Sie das passende Relativpronomen und übersetzen Sie.

a) Poetae, (quos / qui / cui) fabulam Oedipi narrant, hodie quoque noti sunt.
   Die Dichter, _____ die Geschichte des Ödipus erzählen, sind heute noch bekannt.

b) Oedipus Sphingem monstrum, (qua / quod / cuius) omnibus instabat, superavit.
   Ödipus überwältigte die Sphinx, ein Monster, _____ alle bedrohte.

c) Nam solvit aenigma, (quod / quo / quorum) Sphinx viris proposuit.
   Denn er löste das Rätsel, _____ die Sphinx den Männern vorlegte.

d) Tum de rupe, in (cui / quibus / quo) sedebat, in mare praecipitavit.

  Danach stürzte sie sich von dem Felsen, _____, ins Meer.

e) Tum Oedipus Iocastem in matrimonium duxit. Sed liberi, (cuius / quorum / quos) peperit, misere perierunt.

  Dann heiratete Ödipus Iokaste. Aber die Kinder, _____ sie gebar, starben elend.

f) Ita dei, (qui / quos / quibus) id non placuit, (quae / quod / qui) acciderat, totam gentem Oedipi exstinxerunt.

  Auf diese Weise löschten die Götter, _____, _____ passiert war, das ganze Geschlecht des Ödipus aus.

3. Die neue Grammatik – relativischer Satzanschluss

Dieses Phänomen ist nichts als eine Verselbstständigung eines Relativsatzes. Im Deutschen wird das Relativpronomen durch ein _____ pronomen ersetzt.

Laios, qui rex Thebarum erat, oraculum adiit.
Laios, _____ König von Theben war, wandte sich an das Orakel.

= Laios oraculum adiit. Qui rex Thebarum erat.
Laios wandte sich an das Orakel. _____ war der König von Theben.

3.1 Übersetzen Sie.

a) Oedipus ab-iit Corintho. Cuius in itinere patrem vidit et eum occidit.

_____

b) Thebas venit. Quae erant sedes¹ Iocastae reginae².

_____

c) Iocasta mater³ Oedipi erat. Quacum IV liberos genuit⁴.

_____

d) Quod deis non placuit.

_____

1 sedes: Wohnsitz – **2 regina**: Königin – **3 mater**: Mutter – **4 gignere**, gigno, genui: zeugen

Lektion 10

1. Der neue Wortschatz

Ergänzen Sie die deutschen Bedeutungen. Nehmen Sie, wenn nötig, Ihren Lernwortschatz zu Hilfe.

sol		quia	
facilis		certus	
infelix		opus	
altus		longus	
via		dux	
post		quam + Komp.	
novus		brevis	
postquam		licet	

1.1 Ergänzen Sie den Lückentext mit der richtigen Bedeutung des unterstrichenen Wortes.

Hodie montem <u>altum</u> ascendimus, <u>quia</u> otio fruebamur. ated<u>Facile</u> non erat. <u>Post</u> iter <u>longum</u> consedimus in vertice. <u>Sol</u> lucebat. <u>Postquam</u> refecti sumus, primum nos <u>infelices</u> erraverunt, sed tum ad villam rusticam pervenimus. Ibi nobis <u>licuit</u> <u>opera</u> rusticorum spectare: Manipulos vinxerunt, caseum <u>novum</u> presserunt. Etiam amicos <u>certos</u> se praestiterunt, <u>quia</u> nobis <u>ducem</u> dederunt. Qui nos <u>via</u> <u>brevi</u> ad eum locum, quo profecti eramus, duxit.	Heute haben wir einen _____ Berg bestiegen, _____ wir Zeit hatten. Das war nicht _____. _____ einem _____ Weg ließen wir uns auf dem Gipfel nieder. Die _____ beschien uns. _____ wir uns erholt hatten, verrirrten wir _____ uns zuerst, aber dann kamen wir zu einem Bauernhaus. Dort _____ uns _____, die _____ der Bauern anzuschauen. Sie banden Garben und fertigten _____ Käse. Auch als _____ Freunde erwiesen sie sich, _____ sie uns einen _____ mitgaben. Dieser führte uns auf _____ _____ zu dem Ort, von dem wir aufgebrochen waren.

1.2 Schreiben Sie eine kurze Geschichte auf Deutsch. Verwenden Sie darin mindestens drei Wörter aus der oben stehenden Liste und fünf weitere aus dem Lektionswortschatz.

_____

_____

_____

_____

1.3 Führen Sie die Verbformen auf den Infinitiv zurück. Nennen Sie alle Stammformen und die deutsche Bedeutung.

monuistis	
miserat	
aperto	
pono	
incendisse	

2. Die neue Grammatik – das Adverb

Im Unterschied zu Adjektiven, die stets auf _____ bezogen sind, charakterisieren Adverbien _____ bzw. beziehen sich auf das _____.

Adverbien können wie im Deutschen eigenständige Wörter sein (z. B. valde, clam) oder von Adjektiven abgeleitet werden. Je nach dem, welcher Deklination diese angehören, unterscheidet sich auch die Adverbbildung:

longus, a, um → long_____

celer, ris, re → celer_____

Ausnahmen: bonus, a, um → bene | multi, ae, a → multum | magnus, a, um → magnum

2.1 Bilden Sie die entsprechenden Formen.

Adjektiv	Adverb
altus	
	infeliciter
certus	
pulcher	

Adjektiv	Adverb
acer	
	bene
gravis	
	fortiter

3. Die neue Grammatik – Komparation

Die drei Steigerungsstufen heißen _____, Komparativ und _____.

a) Steigerung der Adjektive

Unabhängig davon, welcher Deklination ein Adjektiv angehört, gehören alle Komparative zur _____ Deklination (zweiendig) und alle Superlative zur _____-Deklination.

_____	Komparativ	_____
longus, a, um	long-IOR, long-IUS	longISSIMUS, a, um
altus, a, um		
		pulch**errimus**, a, um
infelix	infelic-IOR, infelic-IUS	infelicISSIMUS, a, um
gravis, e		

Als Vergleichspartikel dient _____.

Quintus fortior est quam frater. → Quintus ist _____ _____ sein Bruder.

Wie im Deutschen werden einige Adjektive unregelmäßig gesteigert:

bonus, a, um → melior, melius → optimus, a, um

malus, a, um → peior, peius → pessimus, a, um

magnus, a, um → maior, maius → maximus, a, um

parvus, a, um → minor, minus → minimus, a, um

multi, ae, a → plures, plura → plurimi, ae, a

3.1 Setzen Sie die richtigen Formen ein und übersetzen Sie.

a) Hodie iter _____ (facilis, Komp.) facimus quam heri[1].

b) Via _____ (brevis, Superl.) Romam imus.

c) Milites Romani _____ (fortis, Superlativ) sunt.

d) Milites Romani _____ (fortis, Komp.) sunt quam Germani.

1 heri: gestern

3.2 Ergänzen Sie die fehlenden Formen. Achten Sie auf KNG.

miser		
	graviores	
		altissimis
	fortius	

b) Steigerung der Adverbien

Alle Komparative des Adverbs sind identisch mit der Komparativform des _____ des Adjektivs, sie enden also allesamt auf -_____.

Der Superlativ endet auf -_____.

_____	Komparativ	_____
longe	long-IUS	longISSIME
alte		
		pulcherrime
infeliciter	infelic-IUS	infelic_____
graviter		

3.3 Adjektiv und Adverb. Ergänzen Sie.

Adjektiv	Adverb
fortior	
	bene
	optime
maior	
celerrimus	

Lektion 11

1. Der neue Wortschatz

Ergänzen Sie die deutschen Bedeutungen. Nehmen Sie, wenn nötig, Ihren Lernwortschatz zu Hilfe.

urbs		tantus	
ne		sapiens	
ante		solvere	
castra		ut	
tristitia		pro	
uxor		per	
credere		primus	
campus		ventus	
nox		respicere	
redire		iuvare	

1.1 Ergänzen Sie den Lückentext mit der richtigen Bedeutung des unterstrichenen Wortes.

Bello Romanorum et Volscorum Coriolanus Romanus <u>urbe</u> cesserat et in <u>castra</u> hostium venerat, quae <u>ante</u> moenia <u>urbis</u> erant, et iis sibi adiunxerat.	Im Krieg zwischen den Römern und Volskern war der Römer Coriolan von der _____ weggegangen, ins _____ der Feinde gekommen, das _____ den Mauern der _____ lag, und hatte sich diesen angeschlossen.
Liberi autem eius et <u>uxor</u> et mater Romae erant. Quae mulier fortis Romanos <u>iuvare</u> studuit.	Seine Kinder aber, seine _____ und seine Mutter waren noch in Rom. Diese tapfere Frau wollte den Römern _____.
Qua de causa <u>nocte</u> metu <u>soluta</u> abiit et <u>per</u> <u>campos</u> ad Volscos venit.	Deshalb verließ sie _____, von Furcht _____, die Stadt und kam_____ die _____ zu den Volskern.
Ibi re vera Coriolanum convenit et eum vituperavit: »Quid tibi vis? <u>Crede</u> mihi, fili, nos <u>tantā</u> <u>tristitiā</u> impelli, <u>ut</u> neque <u>venti</u> neque glacies neque nives me detinuissent, <u>ut</u> huc venirem.	Tatsächlich traf sie dort Coriolan und machte ihm Vorwürfe: »Was fällt dir ein? _____ mir, mein Sohn, wir werden von _____ _____ getrieben, _____ weder _____ noch Eis und Schnee mich davon abgehalten hätten, _____ ich hierher komme.

Sapiens es! Respice me et liberos et uxorem! Romam redi, ne primus sis Romanorum, qui non pro urbe et patria, sed pro hostibus pugnaverit.«	Du bist doch _____! _____ mich, die Kinder und deine _____! _____ nach Rom _____, _____ du _____ der _____ Römer bist, der nicht _____ die _____ und das Vaterland, sondern _____ die Feinde gekämpft hat.«

1.2 Schreiben Sie eine kurze Geschichte auf Deutsch. Verwenden Sie darin mindestens drei Wörter aus der oben stehenden Liste und fünf weitere aus dem Lektionswortschatz.

_____

_____

_____

_____

1.3 Führen Sie die Verbformen auf den Infinitiv zurück. Nennen Sie alle Stammformen und die deutsche Bedeutung!

relicti	
deseruisti	
abeunt	
traxisse	
cecidit	
iuvamus	
soluto	
creditis	

1.4 Stellen Sie alle bislang bekannten Wörter zu folgenden Sachfeldern zusammen:
a) Verteidigung – b) Bewegung – c) Präpositionen

2. Die neue Grammatik – Konjunktiv im Nebensatz

Das Phänomen kennen Sie vielleicht bereits aus dem Französischunterricht oder von den Regeln zur indirekten Rede im Deutschen: Es gibt Satzkonstruktionen, die automatisch die Verwendung des Konjunktivs verlangen.

Im Lateinischen geschieht dies u. a. in _____, die mit den _____ *cum, ut* oder *ne* eingeleitet werden. In der Übersetzung schlägt sich der Konjunktiv in diesem Fall NICHT nieder.

Insgesamt gibt es im Lateinischen vier verschiedene Konjunktive: Präsens, Imperfekt, Perfekt und Plusquamperfekt.

a) Konjunktiv Imperfekt (wird meist übersetzt mit Präteritum, manchmal auch Präsens)

1. Pers. Sg.	ut … veniREm
2. Pers. Sg.	veniREs
3. Pers. Sg.	veniRE____
1. Pers. Pl.	veniRE____
2. Pers. Pl.	veniRE____
3. Pers. Pl.	veniRE____

b) Konjunktiv Plusquamperfekt (wird meist übersetzt mit Plusquamperfekt)

1. Pers. Sg.	cum … venISSEm
2. Pers. Sg.	venISSEs
3. Pers. Sg.	venISSE____
1. Pers. Pl.	venISSE____
2. Pers. Pl.	venISSE____
3. Pers. Pl.	venISSE____

Finden Sie eine Eselsbrücke, wie Sie sich die Bildung der beiden Konjunktive merken können!

2.1 Unterstreichen Sie in folgender Wortliste die Prädikate im Konjunktiv und geben Sie die Bedeutung an.

crederes – urbes – poposcisset – castris – ingentium – redirem – litore – infelicissimus – posuissent – dedissemus – animus – amores – pater – ferrent – ventis – uxores – solvisses

2.2 Kennzeichnen Sie im folgenden Text die Nebensätze, indem Sie alle Subjunktionen einkreisen. Markieren Sie alle Verbformen farbig, bei denen es sich um Konjunktive handelt.

Cum bellum Troianum instaret, Priamus rex omnes filios convocavit. Eos hortatus est, ut eius rei principes essent. Hector dixit se libenter pugnaturum esse, ut Troiani vincerent. Paris alios monuit, ut classem praepararent et in Graeciam mitterent. Dixit se deorum benignitati confidere, cum in somnis vidisset Mercurium adduxisse Iunonem, Venerem, Minervam, ut inter eas de specie iudicaret. Tum Priamus Paridem et Deiphobum in Paeoniam misit, ut milites legerent. Hoc cum fecissent, ad patrem reverterunt.	Als der Trojanische Krieg drohte, rief König Priamos all seine Söhne zusammen. Er forderte sie auf, in dieser Sache als Anführer aufzutreten. Hektor antwortete, er werde gern kämpfen, damit die Trojaner gewinnen würden. Paris rief die anderen dazu auf, eine Flotte auszurüsten und nach Griechenland zu schicken. Er erklärte, er vertraue auf die Güte der Götter, weil er im Traum gesehen habe, dass Mercur Iuno, Venus und Minerva zu ihm geführt habe, damit er sie nach ihrem Aussehen beurteile. Daraufhin schickte Priamus Paris und Deiphobus nach Päonien, um Soldaten zu rekrutieren. Nachdem sie das erledigt hatten, kehrten sie zu ihrem Vater zurück.

2.3 Konjunktiv Imperfekt oder Konjunktiv Plusquamperfekt? Achten Sie auf das Tempus und übersetzen Sie.

a) Aeneas, cum Troiam relinqueret, uxorem amisit[1]. _____

b) Aeneas, cum Troiam reliquisset, per undas ad litus Carthaginis venit. _____

c) Aeneas Didonem reliquit, cum dei eum monuissent. _____

d) Aeneas Didonem reliquit, cum eam amaret[2]. _____

e) Aeneas Didonem reliquit, ne deos offenderet[3]. _____

f) Aeneas Didonem reliquit, ut nave in Italiam veniret. _____

1 amittere, -mitto, -misi: verlieren – **2 amare**: lieben – **3 offendere**: beleidigen

Lektion 12

1. Der neue Wortschatz

Ergänzen Sie die deutschen Bedeutungen. Nehmen Sie, wenn nötig, Ihren Lernwortschatz zu Hilfe.

patria		scelus	
cedere		amittere	
fatum		manere	
lumen		sentire	
ira		pius	
quantus		amare	
tandem		lacrima	
memoria		rogare	

1.1 Ergänzen Sie den Lückentext mit der richtigen Bedeutung des unterstrichenen Wortes.

O amata!	O meine _____!
Cur cedis a me? Multis lacrimis lumina mea obumbrantur.	Warum _____ von mir _____? Von vielen _____ sind meine _____ getrübt.
Memoria tene nos tempus iucundum egisse.	Bewahre doch in _____, dass wir eine angenehme Zeit miteinander verbracht haben.
Non longe sensimus nos fato esse coniunctos.	Vor nicht allzu langer Zeit _____, dass wir vom _____ aneinander gebunden seien.
Te rogavi, num venires in patriam meam. Et tandem venisti.	Ich _____ dich, ob du mit mir in meine _____ kommst. Und _____ bist du gekommen.
Num sentis quanto ardore te desidero?	_____ du denn nicht, mit _____ Leidenschaft ich mich nach dir sehne?
Te rogo: Iram coerce!	Ich _____ dich: Mäßige deinen _____!
Mane, lumen meum, te amittere nolo.	_____, mein _____, ich will dich nicht _____.
tuus pius, non iam amatus	Dein _____, nicht mehr _____

1.2 Schreiben Sie eine kurze Geschichte auf Deutsch. Verwenden Sie darin mindestens drei Wörter aus der oben stehenden Liste und fünf weitere aus dem Lektionswortschatz.

_____

_____

_____

1.3 Führen Sie die Verbformen auf den Infinitiv zurück. Nennen Sie alle Stammformen und die deutsche Bedeutung.

cessit	
manerent	
sensissemus	
texerant	
incenderetis	
condidit	
amarem	
coacti	

2. Die neue Grammatik – Konjunktiv Präsens im Nebensatz

Kennvokal des Konjunktivs Präsens ist ein _____, außer in der a-Konjugation (da wird stattdessen _____ verwendet). Übersetzt wird er mit dem deutschen Präsens.

	a-Konj.	e-Konj.	i-Konj.	kons. Konj.
1. Pers. Sg.	(ut) amEm	maneAm	sentiAm	ponAm
2. Pers. Sg.	amEs	mane____	senti____	pon____
3. Pers. Sg.	amE____	mane____	senti____	pon____
1. Pers. Pl.	amE____	mane____	senti____	pon____
2. Pers. Pl.	amE____	mane____	senti____	pon____
3. Pers. Pl.	amE____	mane____	senti____	pon____

Sonderformen:

Die Formen von *esse* lauten: sim, sis, sit, _____, _____, _____

Die Formen von *ire* lauten: eam, eas, _____, _____, _____, _____

2.1 Bilden Sie die entsprechenden Formen.

Indikativ Präsens	Konjunktiv Präsens
cedunt	
	desinant
rogamus	
credis	
amo	
	liceat
sunt	

2.2 Prüfen Sie, zu welcher Konjugation das Wort gehört (nehmen Sie ggf. den breVIA-Wortschatz zu Hilfe) und entscheiden Sie: Konjunktiv oder Indikativ?

a) am**e**m	a-Konjugation	→ Konjunktiv
b) vid**et**	nicht a-Konjugation	→ Indikativ
c) incend**at**	nicht a-Konjugation	→ Konjunktiv
d) imperat		
e) sentiamus		
f) taces		
g) trahitis		
h) relinquant		
i) amittimus		
j) maneant		
k) ignoramus		
l) teneam		

2.3 Unterstreichen Sie in folgender Wortliste die Prädikate im Konjunktiv und geben Sie Grundform und Bedeutung an.

noctes – memoriam – fugiant – animos – sit – nos – amores – maneas – ducem – tandem – ducas – eum – ponas – campos

48 | Lektion 12

3. Die neue Grammatik – Konjunktiv Perfekt im Nebensatz

Die Endungen -erim, -eris, _____, _____, _____, _____ treten jeweils an den _____ stamm.

Übersetzt wird er meist auch mit dem deutschen Perfekt.

3.1 Ergänzen Sie.

Infinitiv Präsens	Indikativ Perfekt	Konjunktiv Perfekt
sentire	sens-i	senserim
	tacu-it	
	rogav-i	
	condiderunt	
	mansistis	
	teximus	
	fuerunt	
	abiisti	

3.2 Kennzeichnen Sie im folgenden Text die Nebensätze, indem Sie alle Subjunktionen einkreisen. Markieren Sie alle Verbformen farbig, bei denen es sich um Konjunktive handelt.

Cum Troiani in compluribus proeliis inferiores fuerint, etiam Penthesilea cum Amazonibus exercitum contra Agamemnonem ducit. Graeci in castra se recipiunt, ne cladem accipiant. Agamemnon inde in bellum non prodit, dum Menelaus veniat. Qui Neoptolemo arma Achillis patris tradidit. Qui cum ad Agamemnonem venerint, Penthesilea proelium committit. In eo Neoptolemus vulneratur, ut Achilles non a pugna destituat et Penthesileam necet. Quod cum evenerit, Troianorum exercitus fugae se mandat.	Als die Trojaner mehrere Schlachten verloren haben, zieht auch Penthesilea mit den Amazonen gegen Agamemnon. Die Griechen ziehen sich in ihr Lager zurück, um keine Niederlage zu erleiden. Daraufhin beteiligt sich auch Agamemnon nicht mehr am Krieg, bis Menelaos komme. Dieser übergab dem Neoptolemos die Waffen seines Vaters Achill. Als sie zu Agamemnon gekommen sind, führt Penthesilea eine Schlacht herbei. In dieser wird Neoptolemos verwundet, sodass Achill sich nicht vom Kampf fernhält und Penthesilea tötet. Nachdem das geschehen ist, flieht das Heer der Trojaner.

Lektion 13

1. Der neue Wortschatz

Ergänzen Sie die deutschen Bedeutungen. Nehmen Sie, wenn nötig, Ihren Lernwortschatz zu Hilfe.

invenire		igitur	
ops		trans	
imperium		solus	
fama		frater	
appellare		maximus	
numerus		locus	

1.1 Ergänzen Sie den Lückentext mit der richtigen Bedeutung des unterstrichenen Wortes.

In <u>numero</u> imperatorum Romanorum non solum bonos <u>invenimus</u>. Anno octingentesimo tricesimo quinto ab urbe condita Titus imperator populo gratus mortuus est. <u>Locum</u> eius obtinuit Domitianus <u>frater</u> eius. Qui <u>solus</u> imperavit, ut populus per totum <u>imperium</u> Romanum eum <u>appellaret</u> ›dominum et deum‹. Domitianus tamquam pater et <u>frater</u> corruptelam magistratuum coercuit, ut vectigalia et <u>opes</u> augeret. Cum <u>opes</u> <u>trans</u> Rhenum duceret et eo modo <u>imperium</u> in fines Germanorum augeret, <u>fama</u> eius pessima erat. <u>Igitur</u> Romani eum non <u>maximum</u> sed pessimum principem <u>appellaverunt</u>.	In der _____ der römischen Kaiser _____ wir nicht nur gute Leute. Im Jahr 834 seit der Gründung Roms (= 81 n. Chr.) starb Kaiser Titus, der beim Volk beliebt war. Seinen _____ nahm sein _____ Domitian ein. Dieser _____ gab den Befehl, dass das Volk im ganzen Römischen _____ ihn als ›Herr und Gott‹ _____. Wie sein Vater und sein _____ schränkte Domitian die Bestechung der Beamten ein, sodass er die Steuereinnahmen und den _____ vermehrte. Obwohl er die _____ _____ den Rhein führte und so das _____ auf das Gebiet der Germanen ausdehnte, war sein _____ extrem schlecht. _____ _____ ihn die Römer nicht den _____, sondern den schlechtesten Princeps.

1.2 Schreiben Sie eine kurze Geschichte auf Deutsch. Verwenden Sie darin mindestens drei Wörter aus der oben stehenden Liste und fünf weitere aus dem Lektionswortschatz.

_____

_____

_____

_____

2. Die neue Grammatik – das Partizip der Gleichzeitigkeit (PGA)

Das Partizip der Gleichzeitigkeit wird vom _____stamm gebildet. Es ist grundsätzlich aktiv und wird wie Adjektive der _____ Deklination gebeugt (→ _____-Kongruenz!). Ausnahme: Der Abl. Sg. endet auf -_____.

Nom. Sg.	amaNS	Nom. Pl.	amaNT____ (m./f.)	amaNTia (n.)
Gen. Sg.	amaNTis	Gen. Pl.	amaNT____
Dat. Sg.	amaNT____	Dat. Pl.	amaNT____
Akk. Sg.	amaNT____ (m./f.)	amaNS (n.)	Akk. Pl.	amaNT____ (m./f.)	amaNT____ (n.)
Abl. Sg.	amaNTE	Abl. Pl.	amaNT____

Vergleichbar ist im Deutschen das Partizip ____, also »singend«, »lachend«.

Neben der wörtlichen Übersetzung (die oft unelegant ist) gibt es folgende Möglichkeiten:
a) Relativsatz
b) Adverbialsatz (als, _____)
c) Beiordnung (und).

Hostes arma ponentes pacem petiverunt.
– Die Feinde baten, die Waffen niederlegend, um Frieden. (wörtl., oft unelegant)
– Die Feinde, die die Waffen niederlegten, baten um Frieden. (Relativsatz)
– _____ die Feinde die Waffen niederlegten, baten sie um Frieden (Adverbialsatz)
– Die Feinde legten die Waffen nieder und baten um Frieden. (zwei Prädikate, Beiordnung)

Die Wörter zwischen dem Bezugswort und dem Partizip gehören zum Partizipausdruck (sogenannte geschlossene Wortstellung). Um bei der Übersetzung richtig zu sortieren, können Sie den Ausdruck z. B. einklammern:
Aeneas [Didonem toto animo iam diu amans] tamen urbem reliquit.

2.1 Partizipkonstruktionen erkennen
a) Unterstreichen Sie die Partizipien, klammern Sie die Partizipkonstruktion ein und markieren Sie das Bezugswort.
b) Markieren Sie die Übersetzung des Partizipausdrucks.

Romulus [urbem condens] muros fecit amplissimos. Sed re vera pauci viri ibi habitabant. Ne loca vana manerent, Romulus circa vicinos misit legatos diserte rogantes, num virgines eorum paratae essent ad conubium. Sed frustra. Scimus Romulum ira ardentem dolum invenisse. »Spectacula praeparemus atque vicinos invitemus!« Ita factum est. Die ludorum Romani dolum adhibentes equos et arma paraverunt. Multi hospites urbem novam spectare cupientes atque amplitudinem laudantes venerunt. Romani autem hospitibus nihil opinantibus celerrime filias abstulerunt.	Als Romulus die Stadt gründete, ließ er gewaltige Mauern errichten. De facto aber wohnten dort nur wenige Männer. Damit der Platz nicht leer blieb, schickte Romulus Gesandte zu den Nachbarn, die redegewandt fragen sollten, ob deren Mädchen für eine Hochzeit zur Verfügung stünden. Vergeblich. Wir wissen, dass Romulus vor Zorn schäumte und zu einer List griff: »Lasst uns Spiele vorbereiten und die Nachbarn einladen!« So geschah es. Am Tag der Spiele richteten die Römer, die ihre List anwandten, Pferde und Waffen her. Viele Gäste kamen, weil sie die neue Stadt anschauen wollten, und lobten ihre Größe. Die Römer aber raubten ihren ahnungslosen Gästen blitzschnell ihre Töchter.

2.2 Entscheiden Sie, welche Nebensatzeinleitung (Subjunktion) am besten passt, bzw. begründen Sie, welche nicht passt.

a) Graeci Troiam multos annos oppugnantes uxores secum non duxerunt.
   Als/weil/obwohl die Griechen Troja viele Jahre belagerten, nahmen sie ihre Frauen nicht mit.

b) Scimus Aeneam iussu deorum Troiam relinquentem Creusam uxorem amisisse.
   Wir wissen, dass Aeneas seine Frau Creusa verlor, als/weil/obwohl er auf Befehl der Götter Troja verließ.

c) Complures amici Aeneam novam patriam quaerentem comitati sunt.
   Mehrere Freunde begleiteten Aeneas, als/weil/obwohl er eine neue Heimat suchte.

d) Aeneas Didonem valde amans Karthaginem reliquit.
   Aeneas verließ Karthago, als/weil/obwohl er Dido sehr liebte.

e) Ascanius puer se mensas edere dicens patri et eius amicis patriam novam indicavit.
   Als/weil/obwohl der kleine Ascanius sagte, dass sie die Tische äßen, zeigte er seinem Vater und dessen Freunden die neue Heimat an.

f) Homini mendaci ne vera quidem dicenti credimus.
   Einem Lügner glauben wir nicht einmal, als/während/weil/obwohl/wenn er die Wahrheit sagt.

2.3 Markieren Sie Partizip und Bezugswort und übersetzen Sie – wenn möglich – mit Adverbialsatz.

a) Romulus et Remus de urbe nova certamen facientes a deis auxilium petiverunt.

b) Igitur dei Romulo in monte exspectanti oraculum¹ dederunt, aliud Remo in alio loco sedenti.

c) Romulus maiorem² numerum avium³ quam frater videns putavit se auctorem urbis esse.

d) Dixit fratri etiam se auctorem putanti.

e) »Dicens te priorem⁴ aves³ vidisse intellegere⁵ debes numero maiore² deos mihi favere⁶!

f) Igitur cede eo loco, quo iam muros urbem meam circumdantes in animo posui!«

g) Tum coepit muros ponere et fratrem muros trans-silientem occidit.

1 oraculum: Orakel; Zeichen – **2 maior**: größer – **3 avis**: Vogel – **4 prior**: als erster; eher – **5 intellegere** + *AcI*: einsehen – **6 favere** + *Dat.*: gewogen sein

Lektion 14

1. Der neue Wortschatz

Ergänzen Sie die deutschen Bedeutungen. Nehmen Sie, wenn nötig, Ihren Lernwortschatz zu Hilfe.

sub		ceteri	
premere		vertere	
alienus		praestare	
forma		tantum	
nemo		haud	
ratio		ipse	
addere		recipere	
vis		virtus	

1.1 Ergänzen Sie den Lückentext mit der richtigen Bedeutung des unterstrichenen Wortes.

Verba viri vere Romani?	Worte eines echten römischen Patrioten?
»Romani tantum ceteris populis virtute et clementia praestant. Nemo nobis vim affert, nam statim sub iugum premere studebimus. Hostes autem se ad nos vertentes libenter in imperium recipimus. Ea ratione et mores alienos nostris addimus, ut haud facile quisquam dicat nos haud rationem adhibentes mente captos esse.«	»_____ die Römer _____ _____ Völker an _____ und Milde. _____ tut uns _____ an, denn wir geben uns alle Mühe, ihn sogleich _____ das Joch zu _____. Feinde aber, die sich zu uns _____, _____ wir gern ins Reich _____. Auf diese _____ _____ wir auch _____ Bräuche den unseren _____, sodass _____ leicht jemand sagen kann, dass wir _____ _____ walten lassen und unzurechnungsfähig seien.«

1.2 Schreiben Sie eine kurze Geschichte auf Deutsch. Verwenden Sie darin mindestens drei Wörter aus der oben stehenden Liste und fünf weitere aus dem Lektionswortschatz.

_____

_____

_____

1.3 Finden Sie die jeweils passende Bedeutung für *virtus*.

- *virtutes* wie Mäßigung und Gerechtigkeit hochhalten _____
- die Arbeit mit großer *virtus* erledigen _____
- mit großer *virtus* kämpfen _____
- alle anderen Soldaten an *virtus* übertreffen _____
- alle anderen Bürger an *virtus* übertreffen _____
- sich an der *virtus* eines Pferds erfreuen _____
- die *virtus* eines Schiffes bestaunen _____
- die *virtus* eines Gewichthebers bewundern _____
- in Krisensituationen *virtus* beweisen _____
- es ist ein Zeichen von *virtus*, unbequeme Wahrheiten auszusprechen _____

1.4 Finden Sie die jeweils passende Bedeutung für *ratio*.

- aus diesem *ratio* _____
- 2 + 3 = 6, da stimmt die *ratio* nicht! _____
- mit *ratio* an eine Sache herangehen _____
- über die Tat *ratio* ablegen _____
- *ratio* und Praxis _____
- die *ratio* des Unterrichts geht vom Einfachen zum Schwierigen _____
- etwas widerstrebt meinen *rationes* _____
- *ratio* nehmen auf Schwache _____
- die *ratio* der Gliederung _____
- die *ratio* der Natur untersuchen _____
- mit *ratio* bei der Untersuchung vorgehen _____
- nach meiner *ratio* ist das Unsinn _____
- für die Parallelität von Geraden gibt es *rationes*, ebenso wie für die Schuld des Angeklagten _____

2. Die neue Grammatik – das Pronomen ipse

Nach dem bewährten Pronomen-Rezept gilt auch hier:

Gen. Sg. -_____, Dat. Sg. -_____. Alles andere wie gehabt.

ipse, ipsa, ipsum	ipsi, ips_____, ips_____
ips_____	ips_____, ips_____, ips_____
ips_____	ipsis
ips_____, ips_____, ips_____	ips_____, ips_____, ips_____
ips_____, ips_____, ips_____	ips_____

3. Die neue Grammatik – Ablativus absolutus mit Partizip der Gleichzeitigkeit Aktiv

Ablativi absoluti sind eine typisch lateinische Konstruktion.

Minimale Bestandteile eines Abl. abs. sind _____ + _____.

Augusto imperante

Übersetzt wird ein Abl. abs. mit einem Partizip der Gleichzeitigkeit Aktiv am besten mit einem

mit _____, _____ oder _____ eingeleiteten Nebensatz.

Häufig steht ein Abl. abs. am _____ des Satzes.

3.1 Ablative mit System
Bilden Sie von jeder Deklination die Ablativ-Formen im Singular und im Plural.

Dekl.	a-Dekl.	o-Dekl.	3. Dekl.	u-Dekl.
Nom. Sg.	forma	nuntius	ratio	cursus
Abl. Sg.				
Abl. Pl.				

3.2 Unterstreichen Sie die Abl. abs. und die entsprechende deutsche Übersetzung.

Caesare Galliam capiente Carnutes Cotuato et Conconnetodumno ducentibus Cenabum concurrunt civesque Romanos mercatores necaverunt. In his erat C. Fufius Cita, qui rei frumentariae Caesare iubente praeerat. Fama per totam Galliam diffundente nuntio clamore per agros regionesque pervagante etiam in Avernis rebellio facta est. Sole oriente Vercingetorix Avernus expellitur ex oppido Gergovia. Suis eum regem appellantibus duae factiones in Avernis factae sunt.	Als Caesar Gallien einnahm, kamen die Karnuten unter der Führung von Cotuatus und Conconnetodumnus in Cenabum zusammen und töteten Händler mit römischem Bürgerrecht. Unter ihnen war C. Fufius Cita, der auf Befehl Caesars Chef der Getreideversorgung war. Als sich die Kunde über ganz Gallien ausbreitete, weil sich die Meldung durch Zuruf über Felder und Fluren verbreitete, entstand auch bei den Avernern ein Aufstand. Bei Sonnenaufgang wird der Averner Vercingetorix aus der Stadt Gergovia verbannt. Weil seine Leute ihn zum König ausriefen, entstanden zwei Parteien bei den Avernern.

3.3 Unterstreichen Sie den Abl. abs. und übersetzen Sie.

a) Augusto regnante¹ pax erat in imperio Romano.

_____, herrschte Frieden im Römischen Reich.

b) Paulatim magistratuum potestatem subtraxit nullo contra-dicente.

Allmählich entzog er den Behörden ihre Amtsgewalt, _____.

c) Nobis in horto² sedentibus servi cenam parant.

_____, bereiten die Sklaven das Essen vor.

d) Graecis Troiam multis viribus expugnantibus³ Aeneas cum comitibus fugit.

_____, floh Aeneas mit seinen Begleitern.

e) Fratre minore⁴ dormiente Publius tacere debet.

_____, muss sich Publius ruhig verhalten.

1 regnare: herrschen – **2 hortus**: Garten – **3 expugnare**: erobern – **4 minor**: jünger

3.4 Satzbaukasten: Kombinieren Sie aus den Substantiven und Partizipien sechs sinnvolle Abl. abs. Übersetzen Sie und ergänzen Sie den Satz auf Deutsch.

Substantiv	Partizip
ducibus	flentibus
sapientibus	Rhenum transeunte
urbe	ducente
hoste	sentientibus
uxore	timentibus
equis	impetum faciente
liberis	respicientibus
fato	cogente
servo	ardente
somno	rogantibus

Lektion 14 | 57

Lektion 15

1. Der neue Wortschatz

Ergänzen Sie die deutschen Bedeutungen. Nehmen Sie, wenn nötig, Ihren Lernwortschatz zu Hilfe.

res		genus	
vitium		res publica	
civitas		talis	
ullus		tres	
lex		princeps	
publicus		perire	
probare		natura	

1.1 Ergänzen Sie den Lückentext mit der richtigen Bedeutung des unterstrichenen Wortes.

Tria genera rei publicae Romanis notae sunt.	_____ _____ von _____ sind den Römern bekannt.
Vobis dormientibus principes civitatis leges pravas ferunt.	Während ihr schlaft, verabschieden die _____ des _____ schlechte _____.
Quibus rebus nos paene periimus.	Durch diese _____ wären wir fast _____.
Talia vitia vitate!	Vermeidet _____ _____!
Probate naturam partium nostrarum.	_____ das _____ unserer Partei!
Facite nos principes, ne ullum detrimentum capiat res publica!	Macht uns zu _____, damit der _____ nicht _____ Schaden erleidet!

1.2 Schreiben Sie eine kurze Geschichte auf Deutsch. Verwenden Sie darin mindestens drei Wörter aus der oben stehenden Liste und fünf weitere aus dem Lektionswortschatz.

_____

_____

_____

_____

1.3. Finden Sie die jeweils passende Bedeutung für *res*!

– Wo ist denn mein Schlüssel? Immer verleg ich dieses *res*. _____

– Diese *res* ist mir suspekt. _____

– Tisch, Stuhl, Bett, Topf, das alles sind *res* im Haushalt. _____

– Mein Nachbar kam zu mir in der *res* einer zerbrochenen Fensterscheibe. _____

– Die *res* ist verzwickt – was soll ich tun? _____

– Mein *res,* das ich mir erwirtschaftet habe, geht zur Neige. _____

– Aus welcher *res*? _____

– Ich lese gern unheimliche *res*. _____

– Auch wenn es anders aussieht – die *res* ist … _____

1.4 Führen Sie die Verbformen auf den Infinitiv zurück. Nennen Sie alle Stammformen und die deutsche Bedeutung.

putavistis	
pereuntibus	
appelles	
vicerunt	
laudabamini	
regor	
pressis	
rogavissetis	

2. Die neue Grammatik – e-Deklination

Zur e-Deklination gehören ausschließlich _____; fast alle sind feminin.

Nom. Sg.	r-ES	Nom. Pl.	r-ES
Gen. Sg.	r_____	Gen. Pl.	r_____
Dat. Sg.	r_____	Dat. Pl.	r_____
Akk. Sg.	r_____	Akk. Pl.	r_____
Abl. Sg.	r_____	Abl. Pl.	r_____

2.1 Ergänzen Sie die passende Form von res!

_____ publicam – _____ mearum – omnibus _____ – _____ novas

Lektion 15 | 59

3. Die neue Grammatik – Passiv im Präsensstamm

Ebenso wie im Aktiv sind die Personen auch im Passiv anhand der Endung zu identifizieren. Alle
_____ und _____ des Präsensstamms haben dieselben Endungen:

	Indikativ Präsens Passiv	*Deutsch*
1. Pers. Sg.	voc-oR	ich werde gerufen
2. Pers. Sg.	voca-RIS	du wirst gerufen
3. Pers. Sg.	voca-_____	
1. Pers. Pl.	voca-_____	
2. Pers. Pl.	voca-_____	
3. Pers. Pl.	voca-_____	

Die Infinitive unterscheiden sich je nach _____.

Die Verben der _____-, _____- und _____-Konjugation bilden den Infinitiv Präsens Passiv auf -_____. Bei den Verben der konsonantischen Konjugation hingegen tritt an den Stamm lediglich ein _____.

vocare → vocari (gerufen werden) *ponere → poni (gestellt werden)*

3.1 Und auf Deutsch? Bilden Sie die deutschen Passivformen zu folgenden Wörtern.

	hören	sehen
Präsens	*er wird gehört*	*er*
Präteritum	*er wurde gehört*	
Perfekt	*er ist gehört worden*	
Plqupf.	*er war gehört worden*	

	loben	lieben
Präsens	*ich*	*du*
Präteritum		
Perfekt		
Plqupf.		

	überfallen	bedrängen
Präsens	*wir*	*sie*
Präteritum		
Perfekt		
Plqupf.		

3.2 Setzen Sie die folgenden Verbformen im Deutschen ins Passiv.

a) wir fragen	wir werden gefragt
b) er beherrscht	er wird beherrscht
c) ihr fahrt	ihr werdet gefahren
d) ich mahnte	ich wurde gemahnt
e) du nanntest	du wurdest genannt
f) loben *(Infinitiv)*	gelobt werden

3.3 Passiv-Wippe
Bilden Sie zu den Aktiv-Formen die entsprechende Form im Passiv und übersetzen Sie diese.

Aktiv	*Passiv*
audi-t	audi-tur *(er wird gehört)*
aspici-t	aspici-tur *(er wird erblickt)*
duci-t	duci-tur *(er wird geführt)*
mitti-t	mitti-tur *(er wird geschickt)*
vide-o	vide-or *(ich werde gesehen)*
appella-s	appella-ris *(du wirst gerufen)*
premi-t	premi-tur *(er wird bedrängt)*
pelli-mus	pelli-mur *(wir werden vertrieben)*
mone-tis	mone-mini *(ihr werdet ermahnt)*
da-nt	da-ntur *(sie werden gegeben)*

3.4 Formenbildung mit System
Bestimmen Sie Modus und Tempus und bilden Sie die passive Spiegelform.

Aktiv	*Bestimmung*	*Passiv*
mone-ba-t	Indikativ Imperfekt	mone-ba-tur
da-ba-t	Indikativ Imperfekt	da-ba-tur
dice-re-nt	Konjunktiv Imperfekt	dice-re-ntur
ducimus	Indikativ Präsens	ducimur
timeas	Konjunktiv Präsens	timearis
moverent	Konjunktiv Imperfekt	moverentur
regebatis	Indikativ Imperfekt	regebamini

3.5 Bestimmen Sie die Verbformen nach Tempus, Modus und Genus verbi. Übersetzen Sie (alle im Indikativ).

	Sg.			Pl.			Präs.	Impf.	Ind.	Konj.	Aktiv	Passiv	
	1.	2.	3.	1.	2.	3.							Übersetzung
a) exspectatur													
b) ferunt													
c) invenirer													
d) appelles													
e) vertimur													
f) darent													
g) recipiantur													
h) teneor													
i) cogeremini													
j) ponam													
k) trahamur													

3.6 Infinitive! Ergänzen Sie die Tabelle.

Präsens Aktiv	*Präsens Passiv*	*Perfekt Aktiv*	*Perfekt Passiv*
ama-re lieben	*ama-ri* geliebt werden	*amav-isse* geliebt haben	*amatum esse* geliebt worden sein
audi-re			
mone-re			
cap-e-re			
mitt-e-re			

Lektion 16

1. Der neue Wortschatz

Ergänzen Sie die deutschen Bedeutungen. Nehmen Sie, wenn nötig, Ihren Lernwortschatz zu Hilfe.

annus		bellum	
ius		causa	
pars		enim	
accipere		efficere	
ingenium		cupere	
alter		sanguis	
sic		exemplum	

1.1 Ergänzen Sie den Lückentext mit der richtigen Bedeutung des unterstrichenen Wortes.

Singulis annis Romani consules creabant.	In jedem einzelnen _____ wählten die Römer Konsuln.
Sic agebant, quia exemplum malum regum vitare cupiebant.	Sie handelten _____, weil sie das schlechte _____ der Könige vermeiden _____.
Tunc enim non exempla ingenii vel virtutis regnabant, sed regni et sanguinis cupidi bellum alios intulerunt.	Damals _____ herrschten keine _____ an _____ oder Tugend, sondern begierig nach Herrschaft und _____ fingen sie _____ mit anderen an.
Pars eorum etiam cives oppressit.	_____ von ihnen unterdrückte sogar die eigenen Bürger.
Consules autem iure tenebantur: uter potestatem accipiebat.	Die Konsuln aber waren durch das _____ gebunden: Jeder von beiden _____ die Amtsgewalt.
Igitur alter non potuit quicquam efficere, quod alteri non placuit.	Daher konnte der _____ nicht irgendetwas _____, was dem _____ missfiel.

1.2 Schreiben Sie eine kurze Geschichte auf Deutsch. Verwenden Sie darin mindestens drei Wörter aus der Liste und fünf weitere aus dem Lektionswortschatz.

_____

_____

_____

_____

1.3 Finden Sie die jeweils passende Bedeutung für *causa*!

- aus diesem *causa* _____

- Du regst dich völlig ohne *causa* auf. _____

- eine gute *causa* vorbringen, weshalb man die Hausaufgabe nicht gemacht hat _____

- Die Popularen vertreten die *causa* des einfachen Volks. _____

- in einem Hochverrats-*causa* angeklagt sein _____

- Bei der Untersuchung des *causa* ergaben sich verschiedene Anklagepunkte. _____

2. Die neue Grammatik – Perfekt Passiv

Im Perfektstamm bestehen die lateinischen Passivformen immer aus _____ _____, nämlich aus dem _____ + _____ von _____.

Das Partizip muss _____-Kongruenz zum _____ aufweisen.

	Indikativ Perf. Pass.	*Übersetzung*	*Konjunktiv Perf. Pass.*
1. Pers. Sg.	factus, a sum	ich wurde gemacht	factus, a sim
2. Pers. Sg.	factus, a _____	du _____	factus, a _____
3. Pers. Sg.	factus, a, um _____	er / sie / es _____	factus, a, um _____
1. Pers. Pl.	facti, ae _____	wir _____	facti, ae _____
2. Pers. Pl.	facti, ae _____	ihr _____	facti, ae _____
3. Pers. Pl.	facti, ae, a _____	sie _____	facti, ae, a _____

2.1 Und auf Deutsch? Bilden Sie die deutschen Passivformen zu folgenden Wörtern.

	hören	tragen
Präsens	*er wird gehört*	*er*
Präteritum	*er wurde gehört*	
Perfekt	*er ist gehört worden*	
Plqupf.	*er war gehört worden*	

2.2 Setzen Sie die folgenden Verbformen im Deutschen ins Passiv.

a) wir schlugen	
b) sie brachten	
c) ich gebar	
d) er nahm	
e) ihr schontet	
f) sie halfen*	

* intransitives Verb (d. h. mit Dativ- statt mit Akkusativobjekt): Wie wird im Deutschen das Passiv gebildet?

2.3 Bilden Sie jeweils die komplementäre Form und übersetzen Sie!

Perfekt Aktiv	*Perfekt Passiv*
cecidi *(ich tötete)*	caesus sum *(ich wurde getötet)*
	sensum est
traxerunt	
	coepta sunt
petivit	
clausimus	
	amissa es
	lati sunt

2.4 Übersetzen Sie.

a) Caesar et a militibus et a populo amatus est. _____

b) Sed a senatu metitus est. _____

c) Rogas, cur Caesar occisus sit: Romani regem non ferunt. _____

3. Die neue Grammatik – Plusquamperfekt Passiv

Da das Plusquamperfekt zum _____ stamm gehört, bestehen auch im Plusquamperfekt Passiv die lateinischen Verbformen _____ Wörtern:
_____ + _____ von _____.

	Indikativ Plusq. Pass.	Übersetzung	*Konjunktiv Plusq. Pass.*
1. Pers. Sg.	factus, a eram	ich war gemacht worden	factus, a essem
2. Pers. Sg.	factus, a _____	du _____	factus, a _____
3. Pers. Sg.	factus, a, um _____	er / sie / es _____	factus, a, um _____
1. Pers. Pl.	facti, ae _____	wir _____	facti, ae _____
2. Pers. Pl.	facti, ae _____	ihr _____	facti, ae _____
3. Pers. Pl.	facti, ae, a _____	sie _____	facti, ae, a _____

3.1 Sortieren Sie die deutschen Formen in die Tabelle ein und bilden Sie mündlich die anderen Formen.

sie waren besiegt worden – wir werden loben – sie wurden umgebracht – ich werde bekommen – sie ist umzingelt (!) – sie waren umzingelt worden – du wirst vorziehen – es wurde beschlossen – er wird getrieben werden – ihr wurdet ermahnt – es wird verhandelt

Futur Aktiv	
Präsens Passiv	
Präteritum Passiv	
Plusquamperfekt Passiv	
Futur Passiv	

Lösungen

Lektion 1

1 Kasten: s. Wortschatz im Buch

1.1 wo – ist – sehe – nicht – und … nicht – wo – macht – du – sagst – nicht – und – ist – sehe – nicht – ist – bei – ist – nicht – aber – wenn – zu – uns – kommt – hat – und – wenn – hat

2. habes: du hast – habet: er/sie/es hat – habemus: wir haben – habetis: ihr habt – habent: sie haben

2.1 er/sie/es sieht – ich sage – wir kommen – sie machen – er/sie/es hat – du sagst – ihr macht – sie sehen – ich komme – du speist – ihr habt – sie sind – wir bereiten vor – sie müssen – ich höre – wir spielen – er nimmt – du glaubst

2.2 a5 – b1 – c6 – d4

3 wer – was geschieht/tut er – wen?/was?

3.1
a) Das Publikum | bejubelt | den Sieg des Gladiators.
Subjekt (wer) Prädikat (was tut es) Objekt (wen oder was)
b) Auch der Kaiser | lobt | diese Leistung.
Subjekt (wer) Prädikat (was tut er) Objekt (wen oder was)
c) Er | schenkt | Syrus | die Freiheit.
Subjekt (wer) Prädikat (was tut er) Objekt (wem) Objekt (wen oder was)
d) Syrus | gründet | eine eigene Gladiatorenschule.
Subjekt (wer) Prädikat (was tut er) Objekt (wen oder was)

3.2 die Frauen: Nom./Akk. Pl. – den Mann: Akk. Sg. – das Haus: Nom./Akk. Sg. – den Leuten: Dat. Pl. – der Sklavin: Gen./Dat. Sg. – des Freundes: Gen. Sg. – ihrer Freunde: Gen. Pl.

4. wer? – wen?/was? – der Endung

a-Deklination

Nom. Sg.	famili-**A**	die/eine Familie	Nom. Pl.	famili-**AE**	(die) Familien
Akk. Sg.	famili-**AM**	die/eine Familie	Akk. Pl.	famili-**AS**	(die) Familien

o-Deklination (m.)

Nom. Sg.	amic-**US**	der/ein Freund	Nom. Pl.	amic-**I**	(die) Freunde
Akk. Sg.	amic-**UM**	den/einen Freund	Akk. Pl.	amic-**OS**	(die) Freunde

o-Deklination (n.)

Nom. Sg.	vin-**UM**	der/ein Wein	Nom. Pl.	vin-**A**	(die) Weine
Akk. Sg.	vin-**UM**	den/einen Wein	Akk. Pl.	vin-**A**	(die) Weine

4.1

a) Video amicum (amicus)	Ich sehe meinen Freund.
b) dominos	Ich sehe die Herren.
c) cuncta	Wir sehen alles.
d) Plinium	Du erwartest Plinius.
e) cenam	Ihr bereitet das Essen vor.
f) asinos et capras	Ich sehe Esel und Ziegen.
g) nugas	Sie reden Unsinn.
h) Iuliam	Ich lade Iulia ein.
i) vinum	Ich habe Wein.
j) uvas, caseum, pira	Wir essen Trauben, Käse, Birnen.
k) cunctos	Plinius erwartet alle.

4.3
a) wer? Marcus lädt einen Freund ein.
b) wen? Der Freund lädt Marcus ein.
c) wen? Marcus lädt oft Freunde ein.
d) wer? Die Freunde laden Marcus oft ein.
e) wer? Die Freunde kommen.
f) wen? Sie begrüßen die Hausgemeinschaft.

Lektion 2

1. Kasten: s. Wortschatz im Buch

1.1 schlechter – wenn – viele – zuhören – guter – gegen/vor – helfen – greifen … an – böse – viele – wenn – führe – über – gegen – tue/mache – bösen – treiben – begebe mich/gehe – auf – böse – angreifen – töten – führe – Leben

2. sum: ich bin – es: du bist – est: er/sie/es ist – sumus: wir sind – estis: ihr seid – sunt: sie sind

2.1 est (er ist) – facit (er macht) – sumus (wir sind) – es (du bist) – exspectas (du wartest) – sum (ich bin) – habeo (ich habe) – sunt (sie sind) – audiunt (sie hören) – estis (ihr seid) – laboratis (ihr arbeitet)

2.2 a) »dabei« sein, da sein, anwesend sein – b) »davon« sein, abwesend sein – c) »weg« sein, entfernt sein, fehlen – d) »darin« sein, enthalten sein

3.

Präposition	+ Kasus	dt. Bedeutung
a, ab	Abl.	von
ad	Akk.	zu, nach, bei, an
cum	Abl.	mit
de	Abl.	von … herab, von … weg, über
sine	Abl.	ohne

3.1 auf dieser Insel: wo? – in dieser Gesellschaft: wo? – in der Frühzeit: wann? – in die Paläste: wohin? – in den Heiligtümern: wo?

3.2 Ablativ – Ablativ (wo?) – Ablativ – Akkusativ (wohin?) – Akkusativ – Ablativ

4. wo? – wann? – woher?/wovon? – mit wem? – womit?/wodurch?

a-Deklination

Nom. Sg.	famili-A	die/eine Familie	Nom. Pl.	famili-AE	(die) Familien
Abl. Sg.	famili-A		Abl. Pl.	famili-IS	

o-Deklination (m.)

Nom. Sg.	amic-US	der/ein Freund	Nom. Pl.	amic-I	(die) Freunde
Abl. Sg.	amic-O		Abl. Pl.	amic-IS	

o-Deklination (n.)

Nom. Sg.	vin-UM	der/ein Wein	Nom. Pl.	vin-A	(die) Weine
Abl. Sg.	vin-O		Abl. Pl.	vin-IS	

4.1 cum Marco: mit Marcus – cum Claudia: mit Claudia – cum cunctis amicis: mit allen Freunden – cum Lena et Sexto: mit Lena und Sextus – cum Nina et aliis puellis: mit Nina und anderen Mädchen – cum servis bonis: mit guten Sklaven – cum puero malo: mit einem frechen (bösen) Jungen – cum periculis: mit Gefahren – cum Plinio et Sempronia: mit Plinius und Sempronia – cum Pliniis: mit der Familie Plinius (den Pliniern)

4.2 a) mala fortuna: wegen eines bösen Schicksalsschlags (durch ein böses Schicksal) kommen die Freunde nicht.
b) gladiis – Die Gladiatoren greifen mit den Schwertern an.
c) multis curis – von vielen Sorgen
d) multis locis – an vielen Orten arbeiten Sklaven.
e) magna cura – wir arbeiten mit großer Sorgfalt (sehr sorgfältig).

5. Kasus – Numerus – Genus

5.1 bonum: Ich habe einen guten Wein. – bonum: Der Wein ist gut. – multos: Ich habe viele Freunde. – boni: Die Freunde sind gut./Es sind gute Freunde./Sie sind gute Freunde. – mala: Das Leben ist elend/schlecht. – malam: Der Sklave führt ein elendes/schlechtes Leben.

Lektion 3

1. Kasten: s. Wortschatz im Buch

1.1 Männer – gefallen – groß – hält – lauter (großer) – gebe (versetze) – dir – Sohn – zwingt

1.3 a) zwingt – b) gefällt – c) gibt – großes – d) der Sohn – hält

2. -te | hör zu | hört zu

2.1

Infinitiv	Imperativ Sg.		Imperativ Pl.	
petere	pete	*greif an!*	petite	*greift an!*
salire	sali	*spring!*	salite	*springt!*
dare	**da**	*gib!*	**date**	*gebt!*
clamare	clama	*ruf!*	clamate	*ruft!*
exercere	**exerce**	*übe!*	**exercete**	*übt!*
tacere	tace	*schweig!*	tacete	*schweigt!*
cogere	coge	*zwing!*	cogite	*zwingt!*
emere	**eme**	*kauf!*	emite	*kauft!*
esse	**es**	*sei!*	este	*seid!*
facere	fac	*mach!*	**facite**	*macht!*
dicere	dic	*sag!*	**dicite**	*sagt!*

3. a-Deklination

Nom. Sg.	famili-A	die/eine Familie	Nom. Pl.	famili-AE	(die) Familien
Gen. Sg.	famili-AE	**der/einer Familie**	Gen. Pl.	famili-ARUM	**der/von Familien**

o-Deklination (m./n.)

Nom. Sg.	amic-US	der/ein Freund	Nom. Pl.	amic-I	(die) Freunde
Gen. Sg.	amic-I	**der/eines Freundes**	Gen. Pl.	amic-ORUM	**der/von Freunden**

3.1 a) der Rhetoren und Philosophen: eines Rhetors und (eines) Philosophen – der Antike
b) der Söhne der Oberschicht: eines Sohnes der Oberschicht – ihrer Bildung
c) eines solchen Lehrers: solcher Lehrer
d) der Söhne: des Sohnes

3.2 a) Quinti – b) Augusti – c) Liviae – d) philosophorum – e) Aureliae – f) filiarum – g) dominorum – h) Publii

4. wem

a-Deklination

Nom. Sg.	famili-A	die/eine Familie	Nom. Pl.	famili-AE	(die) Familien
Dat. Sg.	famili-AE	**der/einer Familie**	Dat. Pl.	famili-IS	**(den) Familien**

o-Deklination (m./n.)

Nom. Sg.	amic-US	der/ein Freund	Nom. Pl.	amic-I	(die) Freunde
Dat. Sg.	amic-O	**dem/einem Freund**	Dat. Pl.	amic-IS	**(den) Freunden**

4.1 a) wem? dem tüchtigen (guten) Sklaven – b) wem? anderen – c) wem? dem Herrn und seinen Söhnen – d) wem? den Kindern, ihrer Tochter

4.2
Nom.	vit-A	vit-AE
Gen.	vit-AE	vit-ARUM
Dat.	vit-AE	vit-IS
Akk.	vit-AM	vit-AS
Abl.	vit-A	vit-IS

Nom.	fili-US	fili-I
Gen.	fili-I	fili-ORUM
Dat.	fili-O	fili-IS
Akk.	fili-UM	fili-OS
Abl.	fili-O	fili-IS

Nom.	pericul-UM	pericul-A
Gen.	pericul-I	pericul-ORUM
Dat.	pericul-O	pericul-IS
Akk.	pericul-UM	pericul-A
Abl.	pericul-O	pericul-IS

Lektion 4

1. Kasten: s. Wortschatz im Buch
1.1 ganze – die Kunst – bewegt – die Sinne – Menschen – Körper – Kampf – gewaltigen – scharfen – Todes – können – Namen – dem ganzen/jedem – Volk
1.3 a) lauter Stimme – b) am ganzen Körper – c) alle – d) alles – e) vertreiben
2. Endungen

Nom. Sg.	homo (m.) der/ein Mensch	Nom. Pl.	homin-ES
Gen. Sg.	homin-IS	Gen. Pl.	homin-UM
Dat. Sg.	homin-I	Dat. Pl.	homin-IBUS
Akk. Sg.	homin-EM	Akk. Pl.	homin-ES
Abl. Sg.	homin-E	Abl. Pl.	homin-IBUS

identisch/gleich, -a

2.1
Nom. Sg.	ars ingens et bona	Nom. Pl.	artes ingentes et bonae
Gen. Sg.	art-is ingentis et bonae	Gen. Pl.	artium ingentium et bonarum
Dat. Sg.	arti ingenti et bonae	Dat. Pl.	artibus ingentibus et bonis
Akk. Sg.	artem ingentem et bonam	Akk. Pl.	artes ingentes et bonas
Abl. Sg.	arte ingenti et bona	Abl. Pl.	artibus ingentibus et bonis

2.2 ingenti – senes – omnia – acri

Lektion 5

1. Kasten: s. Wortschatz im Buch
1.1 Feinde – Soldaten – ertragen – Truppen – schwere – Waffen – ihre Pferde – und – schickt – Vorräte – öffnen – befehle – fangt … an – wenn … nicht – Götter
1.3 mittere, mitto, misi, missum – gravis, e – tradere, trado, tradidi, traditum – hostis – ferre, fero, tuli, latum – iubere, iubeo, iussi, iussum
2.
Nom. Sg.	fluct-US die/eine Welle	Nom. Pl.	fluct-US
Gen. Sg.	fluct-US	Gen. Pl.	fluct-UUM
Dat. Sg.	fluct-UI	Dat. Pl.	fluct-IBUS
Akk. Sg.	fluct-UM	Akk. Pl.	fluct-US
Abl. Sg.	fluct-U	Abl. Pl.	fluct-IBUS

2.3 u-Deklination: fluctuum – usui – exercitu
navis – telum – fluctus – gravis – aperire – metuere – usus – hostis – exercitus – latus – equus

3. Vergangenheit – Präteritum – Perfektstamm

1.Pers. Sg.	exspectav I	ich habe gewartet/ich wartete
2.Pers. Sg.	exspectav ISTI	du hast gewartet/du wartetest
3.Pers. Sg.	exspectav IT	er hat gewartet/er wartete
1.Pers. Pl.	exspectav IMUS	wir haben gewartet/wir warteten
2.Pers. Pl.	exspectav ISTIS	ihr habt gewartet/ihr wartetet
3.Pers. Pl.	exspectav ERUNT	sie haben gewartet/sie warteten

3.1 er kämpfte – er war – er dachte – er befahl – er kam – er stieß zurück
3.2 a) er hielt – b) sie hatten – c) ich bewegte – d) wir machten – e) du schicktest – f) ich sagte – g) sie kämpften – h) er trieb an – i) ihr kamt – j) sie öffneten – k) du trugst – l) ich begann – m) er übergab – n) wir befahlen – o) sie sahen – p) er konnte – q) sie waren – r) ihr musstet
3.3 a) Präsens: sie kommen – b) Perfekt: sie kamen – c) Perfekt: du sagtest – d) Präsens: sie tragen – e) Perfekt: wir fingen an – f) Perfekt: er sah – g) Präsens: er sieht – h) Perfekt: er war – i) Perfekt: wir machten – j) Präsens: wir machen – k) Perfekt: er schickte – l) Präsens: er schickt – m) Präsens: er übergibt – n) Perfekt: er übergab
4. Kasus, Numerus und Genus (KNG)
4.1 getragen – befohlen – geöffnet – erkannt – bekommen – übergeben – gegeben – bewegt

4.2 dei vocati – die angerufenen Götter
equos incitatos – die angetriebenen Pferde
pugnae coeptae – des begonnenen Kampfes/dem begonnenen Kampf/die begonnenen Kämpfe
copiae petitae – der erbetenen Menge/die erbetenen/angegriffenen/aufgesuchten Truppen
cena facta – das zubereitete/gemachte Essen

Lektion 6

1. Kasten: s. Wortschatz im Buch

1.1 um … herum – Signal/Zeichen – Angriff – Flucht – weil – Schlacht – siegten – besiegten – retten – wenige – Schlacht – Gesandten/Legaten – Frieden

2. past progressive – Präteritum
-ba-, Präsens-

1. Pers. Sg.	serva-BA-m	ICH rettete
2. Pers. Sg.	serva-BA-s	DU rettetest
3. Pers. Sg.	serva-BA-t	ER rettete
1. Pers. Pl.	serva-BA-mus	WIR retteten
2. Pers. Pl.	serva-BA-tis	IHR rettetet
3. Pers. Pl.	serva-BA-nt	SIE retteten

Die Formen von *esse* werden anders gebildet:

1. Pers. Sg.	ERA-M	ICH war
2. Pers. Sg.	ERA-S	DU warst
3. Pers. Sg.	ERA-T	ER war
1. Pers. Pl.	ERA-MUS	WIR waren
2. Pers. Pl.	ERA-TIS	IHR wart
3. Pers. Pl.	ERA-NT	SIE waren

2.1 a) er fing – b) wir trugen – c) sie befahlen – d) ich schickte – e) ihr erblicktet – f) du fehltest – g) ihr fülltet an – h) sie bestanden – i) ihr rettet – j) ich stieß – k) sie bewegen – l) er gab – m) wir hatten – n) er sagt – o) du siegst – p) sie warfen

3. Perfektstamm + Imperfekt von *esse* – vor anderen Ereignissen der Vergangenheit

3.1 (Personalpronomen) + Präteritum von sein + Partizip II   (Personalpronomen) + Präteritum von haben + Partizip II

3.2

Perfekt	Plusquamperfekt	Übersetzung des Plusquamperfekts
conspexerunt	conspex-erant	sie hatten erblickt
vici	vic-eram	ich hatte gesiegt
fuit	fuerat	er war gewesen
complevisti	compleveras	du hattest angefüllt
servavit	servaverat	er hatte gerettet
iactavimus	iactaveramus	wir hatten geworfen
dedi	dederam	ich hatte gegeben
coepistis	coeperatis	ihr hattet begonnen
iusserunt	iusserant	sie hatten befohlen
aperui	aperueram	ich hatte geöffnet
tulit	tulerat	er hatte getragen
fecit	fecerat	er hatte gemacht

3.3

Präsens	Imperfekt	Perfekt	Plusquamperfekt
sumus	exspectabat	habuit	venerant
metuit	dicebam	metuit	audiveras
peto	vincebat	tulit	tenueras
incipiunt		ceperunt	miseras
facit		dixit	

Lektion 7

1. Kasten: s. Wortschatz im Buch

1.1 Senat – beschlossen – Unrecht – Strafe – Forum – so – gehört es sich – Sinn/Geist – Ende – den Ungerechtigkeiten/dem Unrecht – überlassen – antworten – leugen/bestreiten

1.3 finire → finis (Ende) → beenden
nudare → nudus (nackt) → entblößen/entkleiden
punire → poena (Strafe) → bestrafen
dementia → de (von … weg) + mens (Sinn) → Unverstand, Wahnsinn

1.4 permittere (erlauben) – crudelitas (Grausamkeit) – iniuria (Unrecht) – constituere (aufstellen, festsetzen, beschließen) – promittere (versprechen) – mens (Sinn, Verstand)

2. accusativus – infinitivo – Sagens, Denkens, Fühlens, der Gemütsbewegung – dass

2.1 a) Caesar fert   *Germanos*   hostes deis   *tradere*.
Caesar berichtet, dass die Germanen Feinde den Göttern übergeben.

b) Constat   *leges* non semper   *iustas esse*.
Es ist bekannt, dass Gesetze nicht immer gerecht sind.

c) Verres negat   *multas statuas* Siciliae in domo sua   *esse*.
Verres bestreitet, dass viele Statuen aus Sizilien in seinem Haus seien.

d) Videmus   omnes beatos esse studere.
               ↓   ↓
   Wir sehen, dass alle danach   streben, glücklich zu sein.

2.4 a) Infinitiv: Die Römer beschlossen, Frieden zu wahren.
    b) aci: Der Bote berichtet, dass die Römer den Frieden wahren.
    c) aci: Der Feldherr sieht, dass die Soldaten die Feinde besiegen können.
    d) Infinitiv: Nur wenige konnten die Stadt lebend verlassen

Lektion 8

1. Kasten: s. Wortschatz im Buch

1.1 berichten – Bürger – bedauernswert – mitten – Licht – brannten – Dank – der Bürger – diejenigen – führen/nehmen – ziehen – loben – keinen – leben/sind am Leben – Reise – diese – Gnade/Zuneigung

2.
Nom. Sg.	is/ea/id	Nom. Pl.	ii/eae/ea
Gen. Sg.	eius	Gen. Pl.	eorum/earum/eorum
Dat. Sg.	ei	Dat. Pl.	iis
Akk. Sg.	eum/eam/id	Akk. Pl.	eas/eos/ea
Abl. Sg.	eo/ea/eo	Abl. Pl.	iis

Funktionen und Übersetzung:
a) Nichtreflexives Personalpronomen der 3. Person: **er/sie/es**
b) Im Genitiv: Nichtreflexives Possessivpronomen der 3. Person: **sein /ihr**
c) Demonstrativpronomen: **dieser/diese/dieses**

2.1 Auch das altehrwürdige Heiligtum der Ceres hat Verres geplündert: Wenn man nach Catina kommt, sieht man *ihre* Statue aus Marmor. *Sie* ist allerdings nur den Frauen bekannt, weil Männer *ihren* Tempel gar nicht betreten dürfen. Verres' Sklaven allerdings kümmerte *das* gar nicht. Als die Priesterinnen *diese* Vorfälle bekannt machten, waren alle sehr über *diese* Dinge betrübt. Weil die Gefahr bestand, dass man *ihn* selbst hinter dem Ganzen vermutete, entwarf Verres eine Gegenstrategie: Er schickte jemanden aus, damit *er* irgendjemanden ausfindig machte, der in *diesem* Punkt angeklagt und verurteilt werden sollte. Ein Sklave wurde also bezichtigt. Falsche Zeugen traten gegen *ihn* auf. Die Mitglieder des Stadtrats jedoch bestellten nach *ihrer* Gewohnheit die Priesterinnen als Zeugen ein. *Sie/diese* bezeugten, dass nicht *dieser* Sklave, sondern *die* des Verres an *diesem* Ort gewesen seien, von wo die Statue verschwunden sei. Durch *ihre* Aussage wurde schließlich *dieser* Sklave einstimmig freigesprochen. Allerdings gelang es auch nicht, *die* zu finden, die *sie* geraubt hatten.

3.
	Präsens	*Imperfekt*	*Perfekt*	*Plusquamperfekt*
1. Pers. Sg.	eo	i-ba-m	ii	ieram
2. Pers. Sg.	is	i-ba-s	iisti	ieras
3. Pers. Sg.	it	i-ba-t	iit	ierat
1. Pers. Pl.	imus	i-ba-mus	iimus	ieramus
2. Pers. Pl.	itis	i-ba-tis	iistis	ieratis
3. Pers. Pl.	eunt	i-ba-nt	ierunt	ierant

4. das Subjekt/Quintus

4.1 Die Römer glauben,
    a) dass sie die Herren aller/von allem seien
    b) dass sie alle Feinde besiegen (können)
    c) dass sie die Hilfe der Götter besäßen.

4.2 a) eum – b) se – c) eum – d) se

5. Perfekt – isse – Perfekt (ggf. Konjunktiv wg. Indirekter Rede).

5.1 esse (sein) – ferre (tragen) – incipere (anfangen) – videre (sehen) – posse (können) – referre (zurückbringen, berichten) – dare (geben)

Lektion 9

1. s. Wortschatz im Buch

1.1 Vater – König – ging – Fuß – Liebe – Mädchen – zwischen – den Bergen – dort – legte – die Erde/den Boden – sagte – König – stark/tapfer – Händen – Feuer – Rechten

1.3 manus (Hand) – dextra (rechts) – fortis (stark) – amor (Liebe) – terra (Erde) – pes (Fuß) – unda (Welle) – mons (Berg)

2. -ius (Gen. Sg.) und -i (Dat. Sg.)

Nom. Sg.	qui/quae/quod	der/die/das	welcher/welche/welches
Gen. Sg.	cuius	dessen/deren/dessen	welches/welcher/welches
Dat. Sg.	cui	dem/der/dem	welchem/welcher/welchem
Akk. Sg.	quem/quam/quod	den/die/das	welchen/welche/welches
Abl. Sg.	quo/qua/quo	mit dem/der/dem	mit welchem/welcher/welchem

Nom. Pl.	qui/quae/quae	die	welche
Gen. Pl.	quorum/quarum/quorum	deren	
Dat. Pl.	quibus	denen	welchen
Akk. Pl.	quos/quas/quae	die	welche
Abl. Pl.	quibus	mit denen	mit welchen

Relativ, Numerus und Genus

2.1 1. Orakel, das er erhalten hatte. (Akk., Objekt zu »er hatte erhalten«)
2. Das Kind, das sie gebar, … (Akk., Objekt zu »sie gebar«)
3. Knaben, der jämmerlich weinte, … (Nom., Subjekt zu »weinte«)
4. denen, die er für seine Eltern hielt, … (Akk., Objekt zu »er hielt«)
5. einen alten Mann, der sich ihm in den Weg stellte. (Nom., Subjekt zu »stellte sich«)
6. Iokaste, die Witwe des Königs, der er den Hof machte, … (Dat., Obj. zu »er machte den Hof«)
7. Der Mann, den er getötet hatte, … (Akk., Obj. zu »er hatte getötet«)

2.2 a) qui – die
b) quod – das
c) quod – das
d) quo – auf dem sie saß
e) quos – die
f) quibus/quod – denen das nicht gefiel, was

3. Demonstrativ – der – Dieser

3.1 a) Oedipus verließ Korinth/ging aus Korinth weg. Auf seinem/dessen Weg sah er seinen Vater und tötete ihn.
b) Er kam nach Theben. Dies war der Sitz der Königin Iokaste.
c) Iokaste war die Mutter des Oedipus. Mit dieser/ihr zeugte er vier Kinder.
d) Dies gefiel den Göttern nicht.

Lektion 10

1. s. Wortschatz im Buch

1.1 hohen – weil – leicht/einfach – nach – langen – Sonne – nachdem – Unglücklichen/Armen – war es … möglich – Arbeiten – frischen/neuen – zuverlässige – weil – Führer – kurzem/schnellem – Weg

1.3 monuistis: monere, moneo, monui, monitum → mahnen
miserat: mittere, mitto, misi, missum → schicken
aperto: aperire, aperio, aperui, apertum → öffnen, aufdecken
pono: ponere, pono, posui, positum → setzen, stellen, legen
incendisse: incendere, incendo, incendi, incensum → anzünden

2. Nomina – Sätze – Prädikat; longe; celeriter

2.1 altus → alte; infelix → infeliciter; certus → certe; pulcher → pulchre
acer → acriter; bonus → bene; gravis → graviter; fortis → fortiter

3. Positiv – Superlativ; konsonantischen (3.) – a-/o-Dekl.

Positiv	Komparativ	Superlativ
longus, a, um	long-IOR, long-IUS	longISSIMUS, a, um
altus, a, um	altior, altius	altissimus, a, um
pulcher, -chra, -chrum	pulchrior, pulchrius	pulcherrimus, a, um
infelix	infelic-IOR, infelic-IUS	infelicISSIMUS, a, um
gravis, e	gravior, gravius	gravissimus, a, um

quam; stärker/tapferer als

3.1 a) facilius: Heute haben wir eine einfachere/leichtere Reise gemacht/sind wir einen einfacheren Weg gegangen als gestern.
b) brevissima: Auf kürzestem Weg gehen wir nach Rom.
c) fortissimi: Die römischen Soldaten sind am tapfersten/sehr tapfer/die tapfersten.
d) fortiores: Die römischen Soldaten sind tapferer als die gemanischen.

3.2

miser	miserior	miserrimus
graves	graviores	gravissimi, ae/-os, as
altis	altioribus	altissimis
forte	fortius	fortissimum

3b Neutrums, -ius, -issime

Positiv	Komparativ	Superlativ
longe	long-IUS	longISSIME
alte	altius	altissime
pulchre	pulchrius	pulcherrime
infeliciter	infelic-IUS	infelicissime
graviter	gravius	gravissime

3.3

Adjektiv	Adverb
fortior	fortius
bonus	bene
optimus	optime
maior	maius
celerrimus	celerrime

Lektion 11

1. s. Wortschatz im Buch

1.1 Stadt – Lager – vor – Stadt – Frau – helfen – nachts/in der Nacht – frei – über/durch – Felder – glaub – so großer – Traurigkeit – dass – Winde – dass – vernünftig – schau auf/nimm Rücksicht auf – Frau – kehr … zurück – damit … nicht – erste – für – Stadt – für

1.3 relicti: relinquere, relinquo, reliqui, relictum → verlassen, zurücklassen
deseruisti: deserere, desero, deserui, desertum → im Stich lassen, verlassen
abeunt: abire, abeo, abii, abitum → weggehen
traxisse: trahere, traho, traxi, tractum → ziehen
cecidit: caedere, caedo, cecidi, caesum → fällen, töten
iuvamus: iuvare, iuvo, iuvi, iutum → unterstützen, helfen, erfreuen
soluto: solvere, solvo, solvi, solutum → lösen, bezahlen
creditis: credere, credo, credidi, creditum → glauben, anvertrauen

2. Nebensätzen – Subjunktionen

	Konjunktiv Imperfekt
1. Pers. Sg.	veniREm
2. Pers. Sg.	veniREs
3. Pers. Sg.	veniREt
1. Pers. Pl.	veniREmus
2. Pers. Pl.	veniREtis
3. Pers. Pl.	veniREnt

	Konjunktiv Plusquamperfekt
1. Pers. Sg.	venISSEm
2. Pers. Sg.	venISSEs
3. Pers. Sg.	venISSEt
1. Pers. Pl.	venISSEmus
2. Pers. Pl.	venISSEtis
3. Pers. Pl.	venISSEnt

2.1 crederes (credere: glauben) – poposcisset (poscere: fordern) – redirem (redire: zurückkehren) – posuissent (ponere: setzen, stellen) – dedissemus (dare: geben) – ferrent (ferre: tragen) – solvisses (solvere: lösen)

2.2 |Cum| bellum Troianum instaret, Priamus rex omnes filios convocavit. Eos hortatus est, |ut| eius rei principes essent. Hector dixit se libenter pugnaturum esse, |ut| Troiani vincerent. Paris alios monuit, |ut| classem prepararent et in Graeciam mitterent. Dixit se deorum benignitati confidere, |cum| in somnis vidisset Mercurium adduxisse Iunonem, Venerem, Minervam, |ut| inter eas de specie iudicaret.
Tum Priamus Paridem et Deiphobum in Paeoniam misit, |ut| milites legerent. Hoc |cum| fecissent, ad patrem reverterunt.

2.3 a) Als Aeneas Troia verließ, verlor er seine Frau.
b) Als Aeneas Troia verlassen hatte, kam er über das Meer an die Küste Karthagos.
c) Aeneas verließ Dido, nachdem ihn die Götter ermahnt hatten.
d) Aeneas verließ Dido, obwohl er sie liebte.
e) Aeneas verließ Dido, um die Götter nicht zu beleidigen/damit er die Götter nicht beleidigte.
f) Aeneas verließ Dido, um zu Schiff nach Italien zu kommen/damit er … nach Italien komme.

Lektion 12

1. s. Wortschatz im Buch

1.1 Geliebte – weichst … zurück – Tränen – Augen – Erinnerung – fühlten/meinten wir – Schicksal – fragte – Heimat – schließlich/endlich – merkst – welch großer – bitte – Zorn – bleib – Licht/Schatz – verlieren – Getreuer – Geliebter

1.3 cessit: cedere, cedo, cessi, cessum → weichen
manerent: manere, maneo, mansi, – → bleiben
sensissemus: sentire, sentio, sensi, sensum → fühlen, merken, meinen
texerant: tegere, tego, texi, tectum → bedecken, schützen
incenderetis: incendere, incendo, incendi, incensum → anzünden
condidit: condere, condo, condidi, conditum → gründen, bestatten
amarem: amare, amo, amavi, amatum → lieben
coacti: cogere, cogo, coegi, coactum → sammeln, zwingen

2. Kennvokal -a-, außer in der a-Konjugation (da wird statt dessen -e- verwendet).

	a-Konj.	e-Konj.	i-Konj.	kons. Konj.
1. Pers. Sg.	amEm	maneAm	sentiAm	ponAm
2. Pers. Sg.	amEs	maneAs	sentiAs	ponAs
3. Pers. Sg.	amEt	maneAt	sentiAt	ponAt
1. Pers. Pl.	amEmus	maneAmus	sentiAmus	ponAmus
2. Pers. Pl.	amEtis	maneAtis	sentiAtis	ponAtis
3. Pers. Pl.	amEnt	maneAnt	sentiAnt	ponAnt

Die Formen von *esse*: sim, sis, sit, simus, sitis, sint
Die Formen von *ire*: eam, eas, eat, eamus, eatis, eant

2.1 cedant – desinunt – rogemus – credas – amem – licet – sint

2.2
a) amem	a-Konjugation	→ Konjunktiv
b) videt	nicht a-Konjugation	→ Indikativ
c) incendat	nicht a-Konjugation	→ Konjunktiv
d) imperat	a-Konjugation	→ Indikativ
e) sentiamus	nicht a-Konjugation	→ Konjunktiv
f) taces	nicht a-Konjugation	→ Indikativ

g) trahitis	nicht a-Konjugation	→ Indikativ
h) relinquant	nicht a-Konjugation	→ Konjunktiv
i) amittimus	nicht a-Konjugation	→ Indikativ
j) maneant	nicht a-Konjugation	→ Konjunktiv
k) ignoramus	a-Konjugation	→ Indikativ
l) teneam	nicht a-Konjugation	→ Konjunktiv

2.3 fugiant: fugere, fliehen
sit: esse, sein
maneas: manere, bleiben
ducas: ducere, führen
ponas: ponere, stellen

3. -erit, -erimus, -eritis, -erint – Perfekt

3.1
Inf. Präsens	Indikativ Perfekt	Konjunktiv Perfekt
sentire	sens-i	*senserim*
tacere	tacu-it	*tacuerit*
rogare	rogav-i	*rogaverim*
condere	condiderunt	*condiderint*

Inf. Präsens	Indikativ Perfekt	Konjunktiv Perfekt
manere	mansistis	*manseritis*
tegere	teximus	*texerimus*
esse	fuerunt	*fuerint*
abire	abiisti	*abieris*

3.2 Cum Troiani compluribus proeliis inferiores fuerint, etiam Penthesilea cum Amazonibus exercitum contra Agamemnonem ducit. Graeci in castra se recipiunt, ne cladem accipiant. Agamemnon inde in bellum non prodit, dum Menelaus veniat. Qui Neoptolemo arma Achillis patris tradidit. Qui cum ad Agamemnonem venerint, Penthesilea proelium committit. In eo Neoptolemus vulneratur, ut Achilles non a pugna destituat et Penthesileam necet. Quod cum evenerit, Troianorum exercitus fugae se mandat.

Lektion 13

1. s. Wortschatz im Buch

1.1 Zahl – finden – Platz – Bruder – allein – Reich – anredete/bezeichnete – Bruder – Reichtum – Truppen – über – Reich – Ruf – deshalb/deswegen – nannten – größten

2. Präsens – 3./kons. – KNG – e

Nom. Sg.	amaNS	Nom. Pl.	amaNTes (m./f.) | amaNTia (n.)
Gen. Sg.	amaNTis	Gen. Pl.	amaNTium
Dat. Sg.	amaNTi	Dat. Pl.	amaNTibus
Akk. Sg.	amaNTem (m./f.) | amaNS (n.)	Akk. Pl.	amaNTes (m./f.) | amaNTia(n.)
Abl. Sg.	amaNTE	Abl. Pl.	amaNTibus

Partizip I – während, indem, weil, obwohl

2.1
Romulus [urbem condens] muros fecit amplissimos. Sed re vera pauci viri ibi habitabant. Ne loca vana manerent, Romulus circa vicinos misit legatos [diserte rogantes], num virgines eorum paratae essent ad conubium. Sed frustra. Scimus Romulum [ira ardentem] dolum invenisse. »Spectacula praeparemus atque vicinos invitemus!« Ita factum est. Die ludorum Romani [dolum adhibentes] equos et arma paraverunt. Multi hospites [urbem novam spectare cupientes] atque amplitudinem laudantes] venerunt. Romani autem hospitibus [nihil opinantibus] celerrime filias abstulerunt.	Als Romulus die Stadt gründete, ließ er gewaltige Mauern errichten. De facto aber wohnten dort nur wenige Männer. Damit der Platz nicht leer blieb, schickte Romulus Gesandte zu den Nachbarn, die redegewandt fragen sollten, ob deren Mädchen für eine Hochzeit zur Verfügung stünden. Vergeblich. Wir wissen, dass Romulus vor Zorn schäumte und zu einer List griff: »Lasst uns Spiele vorbereiten und die Nachbarn einladen!« So geschah es. Am Tag der Spiele richteten die Römer, die ihre List anwandten, Pferde und Waffen her. Viele Gäste kamen, weil sie die neue Stadt anschauen wollten, und lobten ihre Größe. Die Römer aber raubten ihren ahnungslosen Gästen blitzschnell ihre Töchter.

2.2 a) obwohl passt nicht – b) obwohl passt nicht – c) am besten als – d) am besten obwohl – e) am besten als oder weil – f) während oder am besten wenn

2.3 a) Romulus et Remus [de urbe nova certamen facientes] a deis auxilium petiverunt.
Als Romulus und Remus um die neue Stadt einen Streit hatten, baten sie die Götter um Hilfe.
b) Igitur dei Romulo [in monte exspectanti] oraculum[1] dederunt, aliud Remo [in alio loco sedenti].
Die Götter also gaben Romulus, der auf einem Berg wartete, ein Zeichen/Vogelorakel, ein anderes Remus, der an einem anderen Ort saß.
c) Romulus [maiorem[2] numerum avium[3] quam frater videns] putavit se auctorem urbis esse.
Weil Romulus eine größere Anzahl an Vögeln als sein Bruder sah, glaubte er, dass er der Gründer der Stadt sei.
d) Dixit fratri [etiam se auctorem putanti]:
Er sagte zu seinem Bruder, der sich auch für den Gründer hielt:/Weil sein Bruder sich auch für den Gründer (der neuen Stadt) hielt, sagte er zu ihm:
e) [»Dicens te priorem[4] aves[3] vidisse] intellegere[5] debes numero maiore[2] deos mihi favere[6]!
»Auch wenn du sagst, dass du als erster Vögel gesehen hast, musst du doch einsehen, dass die Götter durch die größere Anzahl mich begünstigen.
f) Igitur cede eo loco, quo iam muros [urbem meam circumdantes] in animo posui!«
Geh also weg von dem Ort, wo ich im Geiste schon die Mauern gesetzt habe, die meine Stadt umgeben.
g) Tum coepit muros ponere et fratrem [muros trans-silientem] occidit.
Dann fing er an, die Mauern zu setzen und tötete seinen Bruder, weil er über die Mauern sprang.

Lektion 14

1. s. Wortschatz im Buch

1.1 nur – übertreffen – die/alle übrigen – Tapferkeit – niemand – Gewalt – unter – drücken – wenden – nehmen … auf – Weise – fügen – fremde/ausländische – hinzu – nicht – keine – Vernunft

1.3 Tugenden/gute Eigenschaften – Tüchtigkeit – Kraft/Mut – Tapferkeit/Mut – Tüchtigkeit/Rechtschaffenheit/ moralischer Haltung – Schnelligkeit – Leistung/Geschwindigkeit – Kraft/Leistung/Stärke – Haltung/Moral – Mut/Zivilcourage

1.4 Grund – Rechnung – Vernunft/Verstand – Rechenschaft – Theorie – Methode – Überlegungen – Rücksicht – Logik – Gesetze/Gesetzmäßigkeit – System/Vernunft/Logik – Überlegung – Beweise

2. -ius; -i

ipse, ipsa, ipsum	ipsi, ipsae, ipsa
ipsius	ipsorum, ipsarum, ipsorum
ipsi	ipsis
ipsum, ipsam, ipsum	ipsos, ipsas, ipsa
ipso, ipsa, ipso	ipsis

3. Substantiv + Partizip – als, weil, obwohl – Anfang

3.1

Dekl.	a-Dekl.	o-Dekl.	3. Dekl.	u-Dekl.
Nom Sg.	forma	nuntius	ratio	cursus
Abl. Sg.	forma	nuntio	ratione	cursu
Abl. Pl.	formis	nuntiis	rationibus	cursibus

3.2

[Caesare Galliam capiente] Carnutes [Cotuato et Conconnetodumno ducentibus] Cenabum concurrunt civesque Romanos mercatores necaverunt. In his erat C. Fufius Cita, qui rei frumentariae [Caesare iubente] praeerat. [Fama per totam Galliam diffundente] [nuntio clamore per agros regionesque pervagante] etiam in Avernis rebellio facta est. [Sole oriente] Vercingetorix Avernus expellitur ex oppido Gergovia. [Suis eum regem appellantibus] duae factiones in Avernis factae sunt.	Als Caesar Gallien einnahm, kamen die Karnuten unter der Führung von Cotuatus und Conconnetodumnus in Cenabum zusammen und töteten Händler mit römischem Bürgerrecht. Unter ihnen war C. Fufius Cita, der auf Befehl Caesars Chef der Getreideversorgung war. Als sich die Kunde über ganz Gallien ausbreitete, weil sich die Meldung durch Zuruf über Felder und Fluren verbreitete, entstand auch bei den Avernern ein Aufstand. Bei Sonnenaufgang wird der Averner Vercingetorix aus der Stadt Gergovia verbannt. Weil seine Leute ihn zum König ausriefen, entstanden zwei Parteien bei den Avernern.

3.3 a) Augusto regnante; als Augustus herrschte/unter der Herrschaft des Augustus
   b) nullo contra-dicente; ohne dass jemand widersprach/wobei keiner widersprach.
   c) Nobis in horto sedentibus; während wir im Garten sitzen
   d) Graecis Troiam multis viribus expugnantibus; Als die Griechen Troia mit vielen Truppen eroberten
   e) Fratre minore dormiente; weil/während der kleine Bruder schläft

Lektion 15

1. s. Wortschatz im Buch

1.1 drei – Arten – Staat – führenden Männer – Staates – Gesetze – Dinge – zugrunde gegangen – solche – Fehler – prüft – Wesen – Anführern – Staat – irgendeinen

1.3 Ding – Sache – Gegenstände – Angelegenheit – Lage – Vermögen – Ursache – Geschichten – Wahrheit/Tatsache

1.4 putavistis: putare, puto, putavi, putatum → meinen, glauben
   pereuntibus: perire, pereo, perii, peritum → zugrunde gehen, umkommen
   appelles: appellare, appello, appellavi, appellatum → nennen
   vicerunt: vincere, vinco, vici, victum → siegen
   laudabamini: laudare, laudo, laudavi, laudatum → loben
   regor: regere, rego, rexi, rectum → lenken, herrschen
   pressis: premere, premo, pressi, pressum → drücken, bedrängen
   rogavissetis: rogare, rogo, rogavi, rogatum → fragen, bitten

2. Substantive

Nom. Sg.	r-ES	Nom. Pl.	r-ES
Gen. Sg.	r-EI	Gen. Pl.	r-ERUM
Dat. Sg.	r-EI	Dat. Pl.	r-EBUS
Akk. Sg.	r-EM	Akk. Pl.	r-ES
Abl. Sg.	r-E	Abl. Pl.	r-EBUS

2.1 rem – rerum – rebus – res

3. Modi und Tempora

1. Pers. Sg.	voc-oR	ich werde gerufen	1. Pers. Pl.	voca-MUR	wir werden gerufen
2. Pers. Sg.	voca-RIS	du wirst gerufen	2. Pers. Pl.	voca-MINI	ihr werdet gerufen
3. Pers. Sg.	voca-TUR	er/sie/es wird gerufen	3. Pers. Pl.	voca-NTUR	sie werden gerufen

Konjugation – a-/e-/i-Konjugation – -ri – -i.

3.1 er wird gesehen – er wurde gesehen – er ist gesehen worden – er war gesehen worden
   ich werde gelobt – ich wurde gelobt – ich bin gelobt worden – ich war gelobt worden
   du wirst geliebt – du wurdest geliebt – du bist geliebt worden – du warst geliebt worden
   wir werden überfallen – wir wurden überfallen – wir sind überfallen worden – wir waren überfallen worden
   sie werden bedrängt – sie wurden bedrängt – sie sind bedrängt worden – sie waren bedrängt worden

3.2 a) wir werden gefragt – b) er wird beherrscht – c) ihr werdet gefahren – d) ich wurde gemahnt – e) du wurdest genannt – f) gelobt werden

3.3

Aktiv	Passiv
audi-t	audi-tur (er wird gehört)
aspici-t	aspicitur (er wird angesehen)
duci-t	ducitur (er wird geführt)
mitti-t	mittitur (er wird geschickt)
vide-o	videor (ich werde gesehen)
appella-s	appellaris (du wirst genannt)
premi-t	premitur (er wird gedrückt)
pelli-mus	pellimur (wir werden gestoßen)
mone-tis	monemini (ihr werdet ermahnt)
da-nt	dantur (sie werden gegeben)

3.4

Aktiv	Bestimmung	Passiv
mone-ba-t	Indikativ Imperfekt	mone-ba-tur
da-ba-t	Indikativ Imperfekt	dabatur
dice-re-nt	Konjunktiv Imperfekt	dicerentur
ducebas	Indikativ Imperfekt	ducebaris
timeamus	Konjunktiv Präsens	timeamur
moverent	Konjunktiv Imperfekt	moverentur
regebatis	Indikativ Imperfekt	regebamini

3.5

	Sg.			Pl.			Präs.	Impf.	Ind.	Konj.	Aktiv	Passiv	
	1.	2.	3.	1.	2.	3.							Übersetzung
a) exspectatur			x				x		x			x	er wird erwartet
b) ferunt						x	x		x		x		sie tragen
c) invenirer	x							x		x		x	ich wurde gefunden
d) appelles		x					x			x	x		du nennst
e) vertimur				x			x		x			x	wir werden gedreht/gewendet
f) darent						x		x		x	x		sie gaben
g) recipiantur						x	x			x		x	sie werden aufgenommen
h) teneor	x						x		x			x	ich werde gehalten
i) cogeremini					x			x		x		x	ihr wurdet gezwungen
j) ponam	x						x			x	x		ich stelle
k) trahamur				x			x			x		x	wir werden gezogen

3.6

Präsens Aktiv	Präsens Passiv	Perfekt Aktiv	Perfekt Passiv
ama-re *(lieben)*	ama-ri *(geliebt werden)*	amav-isse *(geliebt haben)*	amatum esse *(geliebt worden sein)*
audi-re *(hören)*	audiri *(gehört werden)*	audivisse *(gehört haben)*	auditum esse *(gehört worden sein)*
mone-re *(mahnen)*	moneri *(gemahnt werden)*	monuisse *(gemahnt haben)*	monitum esse *(gemahnt worden sein)*
cap-e-re *(fangen)*	capi *(gefangen werden)*	cepisse *(gefangen haben)*	captum esse *(gefangen worden sein)*
mitt-e-re *(schicken)*	mitti *(gelobt werden)*	misisse *(geschickt haben)*	missum esse *(geschickt worden sein)*

Lektion 16

1. s. Wortschatz im Buch

1.1 Jahr – so – Vorbild – wollten – nämlich – Vorbilder – Charakter – Blut – Krieg – ein Teil – Recht – empfing/erhielt – eine – durchsetzen/bewirken – anderen

1.3 Grund – Anlass/Grund – Ausrede/Begründung – Interessen/Sache/Angelegenheit – Prozess – Fall

2. zwei Wörtern – Partizip der Vorzeitigkeit Passiv (PVP) – Präsens – esse – KNG – Subjekt

	Indikativ Perf. Pass.	Übersetzung	Konjunktiv Perf. Pass.
1. Pers. Sg.	factus, a sum	ich wurde gemacht	factus, a sim
2. Pers. Sg.	factus, a es	du wurdest gemacht	factus, a sis
3. Pers. Sg.	factus, a, um est	er/sie/es wurde gemacht	factus, a, um sit
1. Pers. Pl.	facti, ae sumus	wir wurden gemacht	facti, ae simus
2. Pers. Pl.	facti, ae estis	ihr wurdet gemacht	facti, ae sitis
3. Pers. Pl.	facti, ae, a sunt	sie wurden gemacht	facti, ae, a sint

2.1 er wird getragen – er wurde getragen – er ist getragen worden – er war getragen worden

2.2 a) wir wurden geschlagen – b) sie wurden gebracht – c) ich wurde geboren – d) er wurde genommen – e) ihr wurdet geschont – f) ihnen wurde geholfen

2.3

cecidi *(ich tötete)*	caesus sum *(ich wurde getötet)*
sensit *(er fühlte)*	sensum est *(es wurde gefühlt)*
traxerunt *(sie zogen)*	tracti sunt *(sie wurden gezogen)*
coeperunt *(sie begannen)*	coepta sunt *(sie wurden begonnen)*
petivit *(er griff an)*	petitus est *(er wurde angegriffen)*
clausimus *(wir schlossen ein)*	clausi sumus *(wir wurden eingeschlossen)*
amisisti *(du verlorst)*	amissa es *(du wurdest/gingst verloren)*
tulerunt *(sie trugen)*	lati sunt *(sie wurden getragen)*

2.4 a) Caesar wurde sowohl von seinen Soldaten als auch vom Volk geliebt.
b) Aber vom Senat wurde er gefürchtet.
c) Du fragst, warum Caesar ermordet wurde: Die Römer dulden keinen König.

3. Perfekt – zwei – PPP – Imperfekt – esse

	Indikativ Plusq. Pass.	Übersetzung	Konjunktiv Plusq. Pass.
1. Pers. Sg.	factus, a eram	ich war gemacht worden	factus, a essem
2. Pers. Sg.	factus, a eras	du warst gemacht worden	factus, a esses
3. Pers. Sg.	factus, a, um erat	er/sie/es war gemacht worden	factus, a, um esset
1. Pers. Pl.	facti, ae eramus	wir waren gemacht worden	facti, ae essemus
2. Pers. Pl.	facti, ae eratis	ihr wart gemacht worden	facti, ae essetis
3. Pers. Pl.	facti, ae, a erant	sie waren gemacht worden	facti, ae, a essent

3.1 Futur Aktiv: wir werden loben; ich werde bekommen; du wirst vorziehen – Präsens Passiv: sie ist umzingelt; es wird verhandelt – Präteritum Passiv: sie wurden umgebracht; es wurde beschlossen; ihr wurdet ermahnt – Plusquamperfekt Passiv: sie waren besiegt worden; sie waren umzingelt worden – Futur Passiv: er wird getrieben werden

3.2	Indikativ Perfekt	Indikativ Plusquamperfekt	Konjunktiv Perf.	Konjunktiv Plqpf.
	laudatus est er wurde gelobt	*laudatus erat* er war gelobt worden	*laudatus sit*	*laudatus esset*
	ducti sunt sie wurden geführt	*ducti erant* sie waren geführt worden	*ducti sint*	*ducti essent*
	coacti sunt sie wurden gezwungen	coacti erant sie waren gezwungen worden	coacti sint	coacti essent
	lati sunt sie wurden getragen	lati erant sie waren getragen worden	lati sint	lati essent
	creati sumus wir wurden gewählt	*creati eramus* wir waren gewählt worden	*creati simus*	*creati essemus*
	data sunt sie wurden gegeben	data erant sie waren gegeben worden	data sint	data essent
	tractum est es wurde gezogen	*tractum erat* es war gezogen worden	*tractum sit*	*tractum esset*
	pulsus es du wurdest gestoßen	*pulsus eras* du warst gestoßen worden	pulsus sis	*pulsus esses*
	victi sunt sie wurden besiegt	*victi erant* sie waren besiegt worden	victi sint	victi essent
	captus est er wurde gefangen	captus erat er war gefangen worden	captus sit	captus esset
	caesus est er wurde getötet	caesus erat er war getötet worden	caesus sit	caesus esset
	aperta est sie wurde geöffnet	*aperta erat* sie war geöffnet worden	*aperta sit*	*aperta esset*
	traditum est es wurde überliefert	*traditum erat* es war überliefert worden	traditum sit	*traditum esset*

Lektion 17

1. s. Wortschatz im Buch
1.1 Wald – Tier – Worten – sagte er – auch – oder – genug/es reicht – ähnlichem – Ruhm – Brust
1.3 silva, Wald – animal, Tier – verbum, Wort – similis, ähnlich – pectus, Brust – gloria, Ruhm
2. passiv – a-/o- – KNG – Partizip II
   weil, obwohl, als
   und
   belagert worden war
   Nachdem … belagert worden war

2.1 | Pluto [amore Proserpinae *commotus*]^{PC (vz)} [puellam vi *capiens*]^{PC (gz)} in Tartarum abduxit. Mater eius, Ceres, [filiam *quaerens*]^{PC (gz)} per totum orbem terrarum erravit. Tandem [somno *obruta*]^{PC (vz)} obdormivit. [*Dormiens*]^{PC (gz)} vidit Proserpinam [catenis *vinctam*]^{PC (vz)} [*pallentem*]^{PC (gz)} in loco tenebroso. Caesaries [olim magis auro *nitens*]^{PC (gz)}, squalebat, vincula bracchia [olim anulis *ornata*]^{PC (vz)} premebant. Huic umbrae [vix tandem *agnotae*]^{PC (vz)} dixit: »Vae, quid tibi est? Quae sunt [*fallentia*]^{PC (gz)} vana? Num es umbra [vita *amota*]^{PC (vz)}?« Illa respondit [voce et manibus *trementibus*]^{Abl. abs.}: »Me defende miseram cavernis et in superna refer. Si redire non licet, veni visura.« [Anno *volvente*]^{Abl. abs. (gz)} Cereri contigit, ut filiam inveniret. [Plutone *implorato*]^{Abl. abs. (vz)} Proserpinae licuit [matre *gaudente*]^{Abl. abs. (gz)} quotannis sex menses redire in terram. | Weil Pluto von der Liebe zu Proserpina erfüllt war, packte er gewaltsam das Mädchen und verschleppte es in den Tartarus. Dessen Mutter, Ceres, suchte ihre Tochter und irrte dabei durch die ganze Welt. Endlich wurde sie vom Schlaf übermannt und schlief ein. Im Schlaf sah sie Proserpina, in Ketten gefesselt, bleich an einem dunklen Ort. Ihr Haar, einstmals strahlender als Gold, stand wirr vom Kopf ab, Fesseln drückten ihr Arme, die einst mit Armreifen geschmückt waren. Zu dieser Schattengestalt, die sie schließlich doch noch erkannte, sagte sie: »Ach, was ist mit dir? Was sollen diese nichtigen täuschenden Bilder? Bist du etwa ein Schatten, dem alles Leben genommen ist?« Jene antwortete, wobei ihre Stimme und ihre Hände zitterten: »Hol mich Unglückliche aus diesem Loch und bring mich an die Oberwelt. Wenn ich nicht zurückkommen darf, komm wenigstens, um mich zu sehen.« Im Laufe des Jahres gelang es Ceres, ihre Tochter zu finden. Nachdem Pluto angefleht worden war, durfte Proserpina zur Freude der Mutter jeweils ein halbes Jahr auf die Erde zurückkehren. |

2.2 PVP b) – PVP b) – PVP a)/c)

2.3 a) Calpurnia [de vita Caesaris *metuens*] eum monuit, ne senatum adiret. Weil Calpurnia um Caesars Leben fürchtete, warnte sie ihn, dass er nicht in den Senat gehen solle.
   b) Caesar [ab uxore *monitus*] senatum adire dubitavit. Weil/Nachdem Caesar von seiner Frau gewarnt worden war, zögerte er in den Senat zu gehen.
   c) Brutus Caesari [*dubitanti*] persuasit, ut veniret. Als Caesar zögerte, überzeugte ihn Brutus, doch zu kommen.
   d) Caesar [a Bruto *persuasus*] ad senatum venit. Nachdem/Weil Caesar von Brutus überredet worden war, kam er in den Senat
   e) Ibi Caesar [a Bruto aliisque senatoribus *circum-datus*] gladiis petitus est. Dort wurde Caesar von Brutus und weiteren Senatoren umzingelt und mit Schwertern angegriffen.
   f) Caesar [gladiis *laesus*] dixit: Etiam tu, Brute? Nachdem Caesar von den Schwerten verletzt worden war, sagte er: Auch du, Brutus?
   g) Populus Caesarem [*occisum*] de-flevit. Das Volk beweinte den getöteten Caesar.

3. Substantiv (Abl.) + PVP (Abl.)
   als/nachdem, weil, obwohl
   Anfang

3.1

[Etruscis Romam obsidentibus]^Abl. abs. C. Mucius constituit Porsinnam regem necare. Nam indignum videbatur populum Romanum [servientem]^PC [regibus imperium obtinentibus]^Abl. abs. liberum ab iisdem Etruscis obsideri quorum saepe exercitus fudisset.	Als die Etrusker Rom belagerten, beschloss C. Mucius, König Porsenna zu töten. Denn es schien ihm unwürdig, dass das römische Volk damals diente, als noch die Könige die Herrschaft innehatten, und dass es, nachdem es frei geworden war, von denselben Etruskern belagert werde, deren Heere es oftmals zersprengt hatte.
[Metuens]^PC ne si consulum iniussu et [omnibus nescientibus]^Abl. abs in hostium castra iret, a custodibus Romanis retraheretur ut transfuga, senatum adiit. [Consilio probato]^Abl. abs Mucius in castra hostium abiit. Sed ignarus non regem [militibus stipendium dantem]^PC, sed scribam eius [pari fere ornatu cum rege sedentem]^PC necavit.	Weil er fürchtete, dass er, wenn er ohne Befehl der Konsuln und ohne Wissen aller ins Lager der Feinde ginge, von den römischen Wachen zurückgeschleppt würde wie ein Überläufer, wandte er sich an den Senat. Weil der Plan Zustimmung gefunden hatte, ging Mucius ins feindliche Lager. Aber er tötete unwissentlich nicht den König, der gerade den Soldaten ihren Sold auszahlte, sondern dessen Schreiber, der in fast derselben prächtigen Kleidung beim König saß.
[Quo facto]^Abl. abs [abeuntem atque per trepidam turbam cruento mucrone sibi viam facientem]^PC regii satellites deprehenderunt atque ante tribunal regis duxerunt. Qui metuendus magis quam [metuens]^PC, »Romanus sum« inquit, »civis; C. Mucium vocant. Hostis hostem occidere volui, sed non unus in te ego hos animos gessi. Longus post me est ordo [idem decus petentium]^PC.«	Danach nahm ihn, als er wegging und sich durch die zitternde Menge mit blutigem Dolch einen Weg bahnte, die königliche Leibwache fest und führte ihn vor den Thron. Er sagte eher furchterregend als ängstlich: »Ich bin römischer Bürger. Mein Name ist C. Mucius. Ich wollte als Feind den Feind töten, aber ich bin nicht der einzige, der diese Gedanken gegen dich geführt hat. Die Reihe derer, die dieselbe Heldentat anstreben, nach mir ist lang.«
Rex [nefas vindicare studens]^PC iussit ignem afferri, sed Mucius [nihil metuens]^PC dexteram in flammas inicit. [Ea torrente]^Abl. abs [velut alienato ab sensu animo]^Abl. abs [permotus miraculo]^PC rex, »tu vero abi« inquit, »in te magis quam in me hostilia ausus es. Nunc te [intactum]^PC et liberum hinc dimitto.«	Weil der König diesen Frevel bestrafen wollte, ließ er Feuer herbeibringen, doch Mucius hielt unerschrocken seine Hand in die Flammen. Während sie vor sich hinröstete, gleichsam als ob der Sinn das Gefühl verloren hätte, sagte der König, von diesem Wunder bewegt, »geh, du hast mehr Feindliches gegen dich als gegen mich gewagt. Jetzt schicke ich dich unversehrt und frei von hier weg.«
[Quibus rebus gestis]^Abl. abs Mucius [cognomine Scaevolae ornatus]^PC a senatoribus agro honoratus est.	Danach erhielt Mucius den Beinamen Scaevola und wurde von den Senatoren mit einem Stück Land geehrt.

3.2 a) [Troia multos post annos a Graecis capta] Als/nachdem Troia nach vielen Jahren von den Griechen eingenommen worden war
b) [Hostibus victis] Nachdem die Feinde besiegt worden waren
c) [Cena parata] Nachdem das Essen zubereitet worden ist/Nach der Zubereitung des Essens/wenn das Essen zubereitet ist
d) [Regibus pulsis] Nachdem die Könige vertrieben worden waren/nach der Vertreibung der Könige

Lektion 18

1. s. Wortschatz im Buch

1.1 Eheleute/Ehepartner – jener – wusste – starb – suchte – verloren hatte – deswegen – folgte – Gattin/(Ehe-)Frau – Hoffnung – sprechen – das/dies – weißt – fragte – die Rettung/das Wohl(ergehen) – wissen

2. ius, ic

Nom. Sg.	hic/haec/hoc	Nom. Pl.	hi/hae/haec
Gen. Sg.	huius	Gen. Pl.	horum/harum/horum
Dat. Sg.	huic	Dat. Pl.	his
Akk. Sg.	hunc/hanc/hoc	Akk. Pl.	hos/has/haec
Abl. Sg.	hoc/hac/hoc	Abl. Pl.	his

2.1 hanc – huius – hoc – haec – huic

3.

Nom. Sg.	ille/illa/illu**d**	Nom. Pl.	illi/illae/illa
Gen. Sg.	illius	Gen. Pl.	illorum/illarum/illorum
Dat. Sg.	illi	Dat. Pl.	illis
Akk. Sg.	illum/illam/illud	Akk. Pl.	illos/illas/illa
Abl. Sg.	illo/illa/illo	Abl. Pl.	illis

3.1 a) Sie geben jenem Freund ein Geschenk, nicht diesem. → illi bezogen auf *amico*
b) Jene geben dem Freund ein Geschenk, nicht diese. → illi als Subjekt des Satzes

4. Deponens – aktiv – er spricht

4.1
loquimini	loqui	ihr sprecht
secuti sunt	sequi	sie folgten
moritur	mori	er stirbt
intuebar	intueri	ich betrachtete
(cum) precareris	precari	du batest
complecti eratis	complecti	ihr hattet umarmt

4.2
quaesita est	quaerere	sie wurde gesucht
loquebatur	loqui (Deponens)	er sprach
augeantur	augere	sie werden vermehrt
occupatum est	occupare	es wurde besetzt

mortui sunt	mori (Deponens)	sie starben/sind gestorben
sumat	sumere	er nimmt
precaris	precari (Deponens)	du bittest
vocer	vocare	ich werde genannt
aucti sumus	augere	wir wurden vermehrt
secuti essent	sequi (Deponens)	sie waren gefolgt
perditum esse	perdere	vernichtet (worden) sein

Lektion 19

1. s. Wortschatz im Buch
1.1 dass – Zeit – Hause – einige – um … zu – gestehe/gebe zu – zuerst – dann – verwendest/gebrauchst – oder – scheinst – alten – Häusern – jemanden
1.3 fateri, fateor, fassus sum → gestehen, bekennen
iuvare, iuvo, iuvi, iutum → unterstützen, helfen, erfreuen
alere, alo, alui, altum → ernähren
uti, utor, usus sum → gebrauchen
iubere, iubeo, iussi, iussum → befehlen
accidere, accido, accidi, – → sich ereignen, geschehen
fateri, fateor, fassus sum → gestehen, bekennen
credere, credo, credidi, creditum → glauben, anvertrauen

2. qui/quae/quod

Nom. Sg.	qui-dam/quae-dam/quod-dam	Nom. Pl.	qui-dam/quae-dam/quae-dam
Gen. Sg.	cuius-dam	Gen. Pl.	quorun-dam/quarun-dam/quorun-dam
Dat. Sg.	cui-dam	Dat. Pl.	quibus-dam
Akk. Sg.	quen-dam/quan-dam/quod-dam	Akk. Pl.	quos-dam/quas-dam/quae-dam
Abl. Sg.	quo-dam/qua-dam/quo-dam	Abl. Pl.	quibus-dam

bekannte

3. o-Deklination – -nd- – Singen
3.1 spes vincendi: die Hoffnung, *zu siegen/auf Sieg* – timor moriendi: die Furcht, *zu sterben/vor dem Tod* – ars vivendi: die Kunst, *zu leben/die Lebenskunst* – tempus abeundi: die Zeit, *wegzugehen/zum Aufbruch* – multum laborando procedimus: wir kommen voran, *indem (dadurch, dass) wir viel arbeiten/durch viel Arbeit* – venimus ad spectandum: wir kommen, *um zuzuschauen/zum Zuschauen* – audiendo multum discimus: wir lernen viel, *indem wir hören/durch Zuhören* – cupidi bene adveniendi sumus: wir sind bestrebt, gut *anzukommen/nach gutem Ankommen*
4. Adjektive – KNG – a) Infinitiv – b) Vorgangs
4.1 a) die Gelegenheit der/zur siegreichen Heimkehr – b) der Wunsch nach Vollbringung guter Taten – c) zur Herbeiführung einer schnellen Entscheidung – d) die Hoffnung auf Rettung der Freunde – e) die Sehnsucht nach baldiger Genesung
4.2 a) die Zeit, eine Reise zu machen (Reisezeit) – b) der Plan, die Stadt zu erobern (der Stadteroberung) – c) um die Freunde zu retten (zur Rettung der Freunde) – d) um die Wahrheit zu sagen – e) die Hoffnung, das Haus wiederaufzubauen
4.3 Gerund/Gerundiv: petendum – agendis – solvendo – premendi – videndae – ducendorum
occidi: → occidere, Inf. Prs. Pass./1. Sg. Perf. Akt.
fundis: → fundere, 2. Sg. Prs.
unda: → Subst.
tantum: → tantus/tantum
pereuntis: → perire, PGA, Gen. Sg.
defendi: → defendere, Inf. Prs. Pass./1. Sg. Perf. Akt.
dans: → dare, PGA, Nom. Sg.
unde: → unde
facientium: → facere, PGA, Gen. Pl.

Lektion 20

1. s. Wortschatz im Buch
1.1 Mutter – dasselbe – Schmerzen – trinkst – so viele – Trinkens – schließlich/zuletzt – deiner Mutter
1.3 bibere, bibo, bibi, – → trinken
occidere, occido, occidi, occisum → töten
uti, utor, usus sum → gebrauchen
flere, fleo, flevi, fletum → weinen
fateri, fateor, fassus sum → gestehen, bekennen
tenere, teneo, tenui, – → halten

2. is/ea/id

Nom. Sg.	idem/eadem/idem	Nom. Pl.	iidem (Kurzform: idem)/eaedem/eadem
Gen. Sg.	eiusdem	Gen. Pl.	eorundem/earundem/eorundem
Dat. Sg.	eidem	Dat. Pl.	iisdem (eisdem; Kurzform: isdem)
Akk. Sg.	eundem /eandem/idem	Akk. Pl.	eosdem/easdem/eadem
Abl. Sg.	eodem/eadem/eodem	Abl. Pl.	iisdem (eisdem; Kurzform: isdem)

2.1 eaedem/easdem – iisdem – eiusdem – easdem – eidem

3. Notwendigkeit – dativus auctoris – Dativ – Urhebers – nicht dürfen – dürfen

3.1 alle müssen kommen – wir mussten reisen/eine Reise machen – alle müssen sterben – die Feinde dürfen die Stadt nicht erobern – du darfst nicht viel trinken – ihr müsst den Schmerz mäßigen – wir müssen die Feinde schonen/die Feinde müssen uns schonen

Lektion 21

1. s. Wortschatz im Buch

1.1 kommt herüber – wollt ihr – hier – zeigen – voll – diese – diese ... da – was auch immer/alles, was – willst – zeigen – von dem da/dessen da – also – kommt herüber – will – dieser ... da – wieder – ertrage ich

1.3 transire, transeo, transii, transitum → hinübergehen
redire, redeo, redii, reditum → zurückgehen
sequi, sequor, secutus sum → folgen
pati, patior, passus sum → dulden
laedere, laedo, laesi, laesum → verletzen

2. is/ea/id

Nom. Sg.	iste/ista/istud	Nom. Pl.	isti/istae/ista
Gen. Sg.	istius	Gen. Pl.	istorum/istarum/istorum
Dat. Sg.	isti	Dat. Pl.	istis
Akk. Sg.	istum/istam/istud	Akk. Pl.	istos/istas/ista
Abl. Sg.	isto/ista/isto	Abl. Pl.	istis

qui – qui/quae/quod – unveränderlich

Nom. Sg.	quicumque/quaecumque/quodcumque	Nom. Pl.	quicumque/quaecumque/quaecumque
Gen. Sg.	cuiuscumque	Gen. Pl.	quorumcumque/quarumcumque/quorumcumque
Dat. Sg.	cuicumque	Dat. Pl.	quibuscumque
Akk. Sg.	quemcumque/quamcumque/quodcumque	Akk. Pl.	quoscumque/quascumque/quaecumque
Abl. Sg.	quocumque/quacumque/quocumque	Abl. Pl.	quibuscumque

2.1 ubi + cumque → wo auch immer; unde + cumque → woher auch immer; quibus + cumque → mit wem auch immer; quando + cumque → wann auch immer; qualis + cumque → wie (beschaffen) auch immer; quantus + cumque → wie groß/wie viel auch immer

3. Präsens

Aktiv			*Passiv*		
1. Pers. Sg.	laudaBo	ich werde loben	1. Pers. Sg.	laudaBor	ich werde gelobt werden
2. Pers. Sg.	laudaBIs	du wirst loben	2. Pers. Sg.	laudaBEris	du wirst gelobt werden
3. Pers. Sg.	laudaBIt	er wird loben	3. Pers. Sg.	laudaBItur	er wird gelobt werden
1. Pers. Pl.	laudaBImus	wir werden loben	1. Pers. Pl.	laudaBImur	wir werden gelobt werden
2. Pers. Pl.	laudaBItis	ihr werdet loben	2. Pers. Pl.	laudaBImini	ihr werdet gelobt werden
3. Pers. Pl.	laudaBUnt	sie werden loben	3. Pers. Pl.	laudaBUntur	sie werden gelobt werden

b) a – e

Aktiv			*Passiv*		
1. Pers. Sg.	ponam	ich werde stellen	1. Pers. Sg.	audiar	ich werde gehört werden
2. Pers. Sg.	pones	du wirst stellen	2. Pers. Sg.	audieris	du wirst gehört werden
3. Pers. Sg.	ponet	er wird stellen	3. Pers. Sg.	audietur	er wird gehört werden
1. Pers. Pl.	ponemus	wir werden stellen	1. Pers. Pl.	audiemur	wir werden gehört werden
2. Pers. Pl.	ponetis	ihr werdet stellen	2. Pers. Pl.	audiemini	ihr werdet gehört werden
3. Pers. Pl.	ponent	sie werden stellen	3. Pers. Pl.	audientur	sie werden gehört werden

c) Sonderformen: das Futur von *esse* und *ire*

esse			*ire*		
1. Pers. Sg.	ero	ich werde sein	1. Pers. Sg.	ibo	ich werde gehen
2. Pers. Sg.	eris	du wirst sein	2. Pers. Sg.	ibis	du wirst gehen
3. Pers. Sg.	erit	er wird sein	3. Pers. Sg.	ibit	er wird gehen
1. Pers. Pl.	erimus	wir werden sein	1. Pers. Pl.	ibimus	wir werden gehen
2. Pers. Pl.	eritis	ihr werdet sein	2. Pers. Pl.	ibitis	ihr werdet gehen
3. Pers. Pl.	erunt	sie werden sein	3. Pers. Pl.	ibunt	sie werden gehen

3.1

tenet	e-Konjugation	tenebit	er wird halten
monstrant	a-Konjugation	monstrabunt	sie werden zeigen
iubeo	e-Konjugation	iubebo	ich werde befehlen
negamus	a-Konjugation	negabimus	wir werden bestreiten
videt	e-Konjugation	videbit	er wird sehen
sumo	kons. Konj.	sumam	ich werde nehmen
audit	i-Konjugation	audiet	er wird hören
nescio	i-Konjugation	nesciam	ich werde nicht wissen
utor	kons. Konj	utar	ich werde gebrauchen
credis	kons. Konj	credes	du wirst glauben
cenant	a-Konjugation	cenabunt	sie werden essen
est	esse	erit	er wird sein
laedimus	kons. Konj	laedemus	wir werden verletzen
interrogat	a-Konjugation	interrogabit	er wird fragen
moneor	e-Konjugation	monebor	ich werde gemahnt werden
sum	esse	ero	ich werde sein
appellat	a-Konjugation	appellabit	er wird nennen
facitis	kons. Konj	facietis	ihr werdet machen
eunt	ire	ibunt	sie werden gehen
vocantur	a-Konjugation	vocabuntur	sie werden gerufen werden
venitis	i-Konjugation	venietis	ihr werdet kommen
loquitur	kons. Konj	loquetur	er wird sprechen

3.2 a) nobis → Pronomen im Dativ/Ablativ – b) novam → Adjektiv im Akk. f. Sg. – c) videt → Präsens – d) tenent → Präsens

3.3

interrogat	a-Konj.	Ind. Präs.	→ Konj.: interroget	→ Fut.: interrogabit
praestamus	a-Konj.	Ind. Präs.	→ Konj. praestemus	→ Fut.: praestabimus
appellet	a-Konj.	Konj. Präs.	→ Ind.: appellat	→ Fut.: appellabit
inveniat	i-Konj.	Konj. Präs.	→ Ind. invenit	→ Fut.: inveniet
faciet	kons. Konj.	Futur	→ Ind. Präs. facit	→ Konj. Präs. faciat
monetis	e-Konj.	Ind. Präs	→ Konj. moneatis	→ Fut. monebitis
condas	kons. Konj.	Konj. Präs.	→ Ind.: condis	→ Fut.: condes
quaeretur	kons. Konj.	Fut.	→ Ind. Präs. quaeritur	→ Konj. Prs. quaeratur

4. Präsens

Präsens	Indikativ	Konjunktiv
1. Pers. Sg.	volo	velim
2. Pers. Sg.	vis	velis
3. Pers. Sg.	vult	velit

Präsens	Indikativ	Konjunktiv
1. Pers. Pl.	volumus	velimus
2. Pers. Pl.	vultis	velitis
3. Pers. Pl.	volunt	velint

4.2 a) 3. Sg. Ind. Prs. → er will – b) 2. Sg. Ind. Impf. → du wolltest – c) 3. Sg. Fut. → er wird wollen – d) 3. Pl. Fut. → sie werden wollen – e) 2. Pl. Konj. Impf. – f) 2. Pl. Konj. Präs. – g) 3. Pl. Konj. Impf. – h) 3. Pl. Konj. Präs.

Lektion 22

1. s. Wortschatz im Buch

1.1 leistet – Feldherrn – erscheinen – hierher – Widerstand – Tagen – Mund – fast – verurteilen – Kaiser

1.3 iudicare, iudico, iudicavi, iudicatum → urteilen
apparere, appareo, apparui, – → erscheinen, sich zeigen
resistere, resisto, restiti, – → Widerstand leisten

2.

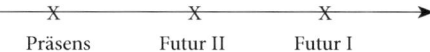

        Präsens   Futur II   Futur I

vorzeitig – Perfekt

	Aktiv	Passiv
1. Pers. Sg.	laudav-ero	laudatus, a ero
2. Pers. Sg.	laudav-eris	laudatus, a eris
3. Pers. Sg.	laudav-erit	laudatus, a, um erit
1. Pers. Pl.	laudav-erimus	laudati, ae erimus
2. Pers. Pl.	laudav-eritis	laudati, ae eritis
3. Pers. Pl.	laudav-erint	laudati, ae, a erunt

Präsens – Perfekt – Futur

2.1 a) Wenn du nichts gelernt hast, wirst du nicht antworten können.
b) Wenn die Feinde besiegt sind, werden sich die Soldaten freuen.
c) Wenn du gut lebst/gelebt hast, wirst du sehr gut sterben.
d) Wenn du nicht rechtzeitig kommst, wirst du nichts bekommen.

3. a) Futur – aufbrechen wird/werde – b) um … grüßen – wollte kommen

3.1 z. B.: *Amici veniunt cum Cicerone locuturi.* Die Freunde kommen, um sich mit Cicero zu unterhalten/weil sie sich mit Cicero unterhalten wollen.
Hostes veniunt Ciceronem capturi. Die Feinde kommen, um Cicero zu fangen/weil sie Cicero fangen wollen.
Hostes sperant se Ciceronem capturos esse. Die Feinde hoffen, dass sie Cicero fangen werden.
Hostes dicunt se urbem capturos esse. Die Feinde sagen, dass sie die Stadt erobern werden.

Lektion 23

1. s. Wortschatz im Buch

1.1 Was auch immer – irgendjemand – freilich – weißt – kennenzulernen – zu wenig – Geld – -tempel – Geld – Haus – wissen

2.

Nom. Sg.	ali-quis	(Neutrum: ali-quid)
Gen. Sg.	ali-cuius	
Dat. Sg.	ali-cui	
Akk. Sg.	ali-quem	(Neutrum: ali-quid)
Abl. Sg.	ali-quo	

3. Imperfekt – Plusquamperfekt

3.1 du kaufst: du würdest kaufen/du kauftest – du hättest gekauft
du glaubst: du würdest glauben/du glaubtest– du hättest geglaubt
sie machen: sie würden machen/sie machten– sie hätten gemacht
ich bin: ich würde sein/ich wäre– ich wäre gewesen
er kann: er würden können/er könnte– er hätte gekonnt
sie wollen: sie würden wollen/sie wollten– sie hätten gewollt
ich habe: ich würden haben/ich hätte– ich hätte gehabt

3.2 si habitaret: wenn er wohnte/wohnen würde – si habitavisset: wenn er gewohnt hätte
si audirent: wenn sie hörten/hören würden – si audivissent: wenn sie gehört hätten
si facerem: wenn ich machte/machen würde – si fecissem: wenn ich gemacht hätte
si videremus: wenn wir sähen/sehen würden – si vidissemus: wenn wir gesehen hätten

3.3 iissemus – clames – ferrer – tenuerit – invenisset – essem – quaesivissetis

3.4 a) wenn du gut lernen würdest/lerntest – b) wenn wir unseren Freunden nicht helfen würden – c) würde ich es dir geben/gäbe ich es dir – d) würde ich zu meinen Freunden gehen/ginge ich … – e) würden wir hier nicht sitzen/säßen wir … – f) wenn Hannibal die Römer besiegt hätte – g) wären wir heute schon weggegangen – h) wenn ich gut gelernt hätte – i) wäre er gerettet worden

Lektion 24

1. s. Wortschatz im Buch

1.1 ist … geboren – führen – geraubt wurden – natürlich

2. a) vielleicht/könnte/dürfte (Potentialis) – dürfte – könnte – b) hoffentlich (Optativ) – hoffentlich – c) sollen (Jussiv/Hortativ/Deliberativ) – Aufforderung, 1. Pers. Pl. – lasst uns gehen/gehen wir! – Frage, 1. Person Sg. – was soll ich tun?

2.1

»Quid <u>faciamus</u>? Hic neque <u>dormiamus</u> neque manere <u>velimus</u>. Iam multos dies larva ista somnum fugavit. Utinam <u>abeat</u>!«	»Was <u>sollen wir tun</u>? Hier <u>können wir</u> weder <u>schlafen</u> noch <u>möchten wir bleiben</u>. Schon viele Tage hat dieses Gespenst uns den Schlaf verjagt. <u>Hoffentlich verschwindet</u> es!«
»<u>Sis</u> prudens! Ne hanc domum <u>emas</u>! Immo <u>fugias</u> neque <u>intres</u>!« »<u>Taceas</u>«, inquit Athenodorus, »haec res mihi placet. Libentissime <u>emam</u>!« Ubi coepit advesperascere, iubet servos: »<u>Sternatur</u> (eine Decke ausbreiten) mihi in prima domus parte! <u>Afferatis</u> pugillares, stilum, lumen! <u>Abeatis</u> omnes in interiora!«	»<u>Sei klug</u>! <u>Kaufe</u> dieses Haus nicht! Vielmehr <u>sollst du fliehen</u> und nicht <u>hineingehen</u>!« »Du <u>sollst still sein</u>«, sagte Athenodorus, »das gefällt mir! Ich <u>will</u> mit größtem Vergnügen <u>kaufen</u>!« Als es Abend wurde, befahl er seinen Sklaven: »<u>Eine Decke soll</u> mir im vorderen Teil des Hauses <u>ausgebreitet werden</u>! Ihr sollt mir Schreibtafel, Griffel und Licht <u>bringen</u>! <u>Geht</u> alle ins Innere des Hauses!«
Postero die adit magistratus, monet: »<u>Veniatis</u> ad meam domum. Fabri loco designato <u>effodiant</u>. Rem mirabilem invenietis!« »<u>Videamus</u>! Tecum <u>veniamus</u>!«	Am folgenden Tag geht er zu den Behörden und fordert sie auf: »Ihr <u>sollt</u> zu meinem Haus <u>kommen</u>. Handwerker <u>sollen</u> an der markierten Stelle graben. Ihr werdet staunen!« <u>Schauen wir mal</u>! Wir <u>wollen</u> mit dir <u>kommen</u>!«

3.2 Passiv mit System:

a) Bilden Sie die Passivformen im Indikativ und Konjunktiv und übersetzen Sie (im Indikativ).

Indikativ Perfekt	Indikativ Plusquamperfekt	Konjunktiv Perf.	Konjunktiv Plqpf.
laudatus est *er ist gelobt worden*	*laudatus erat* *er war gelobt worden*	*laudatus sit*	*laudatus esset*
	ducti erant		
coacti sunt			
		lati sint	
			creati essemus
data sunt			
	tractum erat		
		pulsus sis	

b) Tragen Sie folgende Wörter in die Tabelle ein, bilden Sie die übrigen Formen und übersetzen Sie.

victi essent – captus est – caesus esset – aperta erat – traditum sit

Lektion 17

1. Der neue Wortschatz

Ergänzen Sie die deutschen Bedeutungen. Nehmen Sie, wenn nötig, Ihren Lernwortschatz zu Hilfe.

silva		similis	
verbum		gloria	
vel		ait	
quoque		pectus	
animal		satis	

1.1 Ergänzen Sie den Lückentext mit der richtigen Bedeutung des unterstrichenen Wortes.

In silva Nemea Hercules animal terribile occidit.	Im _____ von Nemea erlegte Hercules ein schreckliches _____.
Caput et pellem detraxit et Eurysteo regi, qui eum iusserat leonem occidere, his verbis ostendit:	Er zog ihm Kopf und Fell ab und präsentierte es König Eurystheus, der ihm befohlen hatte, den Löwen zu töten, mit folgenden _____:
»O rex«, ait, »ut vides, hoc monstrum necavi; cetera quoque monstra vel labores, quos me facere iussisti, mox conficiam.« –	»Oh König«, _____, »wie du siehst, habe ich dieses Monster getötet; _____ die übrigen Bestien _____ die Aufgaben, die du mir zur Erledigung aufgetragen hast, werde ich bald erfüllen.« –
»Satis«, rex respondit. »Quae si simili gloria confeceris, concedam te magna fecisse.«	»_____«, antwortete der König. »Wenn du dies mit _____ _____ vollbringst, werde ich zugeben, dass du Großes geleistet hast.«
Hercules tum manus leonis in pectore nexuit, ne pellis de tergo delaberetur.	Da verknotete Hercules die Löwenpfoten vor seiner _____, damit ihm das Fell nicht vom Rücken herabrutschen konnte.

1.2 Schreiben Sie eine kurze Geschichte auf Deutsch. Verwenden Sie darin mindestens drei Wörter aus der oben stehenden Liste und fünf weitere aus dem Lektionswortschatz.

_____

_____

_____

1.3 Lateinische Wörter und ihr Fortwirken
Nennen Sie zu den fremdsprachlichen Begriffen jeweils das lateinische Ausgangswort und seine Bedeutung.

selva (katalan.)	
animal (engl.)	
verbo (it.)	
simile (engl.)	
petto (it.)	
gloire (frz.)	

2. Die neue Grammatik – Participium coniunctum mit PVP

Das Partizip der Vorzeitigkeit ist grundsätzlich _____ und wird wie Adjektive der ____-/____ Deklination gebeugt (→ _____-Kongruenz!).

Vergleichbar ist im Deutschen das Partizip ____, also »gebeten«, »besiegt«.

Neben der wörtlichen Übersetzung (die oft unelegant ist) gibt es folgende Möglichkeiten:

a) Relativsatz

b) Adverbialsatz (nachdem, _____)

c) Beiordnung (_____)

Troia a Graecis multos annos oppugnata funditus deleta est.
- Troia, von den Griechen viele Jahre lang belagert, wurde von Grund auf zerstört. (wörtl.)
- Troia, das von den Griechen viele Jahre lang _____, wurde von Grund auf zerstört. (Relativsatz)
- _____ Troia von den Griechen viele Jahre lang _____, wurde es von Grund auf zerstört. (Adverbialsatz)
- Troia wurde von den Griechen viele Jahre lang belagert und (dann) von Grund auf zerstört. (zwei Prädikate, Beiordnung)

Die Wörter zwischen dem Bezugswort und dem Partizip gehören zum Partizipausdruck (sogenannte geschlossene Wortstellung). Um bei der Übersetzung richtig zu sortieren, können Sie den Ausdruck z. B. einklammern:

Troia [a Graecis multos annos oppugnata] funditus deleta est.

2.1 Partizipkonstruktionen erkennen:
a) Unterstreichen Sie die Partizipien. Entscheiden Sie: PGA oder PVP?
b) Markieren Sie das Bezugswort.
c) Markieren Sie die entsprechende deutsche Übersetzung.

Pluto amore Proserpinae commotus puellam vi capiens in Tartarum abduxit. Mater eius, Ceres, filiam quaerens per totum orbem terrarum erravit. Tandem somno obruta obdormivit. Dormiens vidit Proserpinam catenis vinctam pallentem in loco tenebroso. Caesaries, olim magis auro nitens, squalebat, vincula brachia olim anulis ornata premebant. Huic umbrae vix tandem agnotae dixit: »Vae, quid tibi est? Quae sunt fallentia vana? Num es umbra vita amota?« Illa respondit voce et manibus trementibus: »Me defende miseram cavernis et in superna refer. Si redire non licet, veni visura.« Anno volvente Cereri contigit, ut filiam inveniret. Plutone implorato Proserpinae licuit matre gaudente quotannis sex menses redire in terram.	*Weil Pluto von der Liebe zu Proserpina erfüllt war, packte er gewaltsam das Mädchen und verschleppte es in den Tartarus. Dessen Mutter, Ceres, suchte ihre Tochter und irrte dabei durch die ganze Welt. Endlich wurde sie vom Schlaf übermannt und schlief ein. Im Schlaf sah sie Proserpina, in Ketten gefesselt, bleich an einem dunklen Ort. Ihr Haar, einstmals strahlender als Gold, stand wirr vom Kopf ab, Fesseln drückten ihre Arme, die einst mit Armreifen geschmückt waren. Zu dieser Schattengestalt, die sie schließlich doch noch erkannte, sagte sie: »Ach, was ist mit dir? Was sollen diese nichtigen täuschenden Bilder? Bist du etwa ein Schatten, dem alles Leben genommen ist?« Jene antwortete, wobei ihre Stimme und ihre Hände zitterten: »Hol mich Unglückliche aus diesem Loch und bring mich an die Oberwelt. Wenn ich nicht zurückkommen darf, komm wenigstens, um mich zu sehen.« Im Laufe des Jahres gelang es Ceres, ihre Tochter zu finden. Nachdem Pluto angefleht worden war, durfte Proserpina zur Freude der Mutter jeweils ein halbes Jahr auf die Erde zurückkehren.*

2.2 Gleichzeitig oder vorzeitig? Bestimmen Sie das Partizip und wählen Sie die richtige Übersetzung aus.

Aeneas Troia expugnata patriam reliquit.
a) Als Troja erobert wurde, verließ Aeneas seine Heimat.
b) Als Troja erobert worden war, verließ Aeneas seine Heimat.

Dona amicis data non placent.
a) Die Geschenke, die die Freunde bekommen, gefallen ihnen nicht.
b) Die Geschenke, die die Freunde erhalten haben, gefallen ihnen nicht.
c) Obwohl die Geschenke den Freunden nicht gefallen, bekommen sie sie.

Consilio hostium cognito Romani impetum fecerunt.
a) Als der Plan der Feinde bekannt geworden war, griffen die Römer an.
b) Als der Plan der Feinde bekannt wurde, griffen die Römer an.
c) Nach Bekanntwerden des Plans der Feinde griffen die Römer an.

2.3 Markieren Sie das PC und übersetzen Sie.

a) Calpurnia de vita Caesaris metuens eum monuit, ne senatum adiret.

b) Caesar ab uxore monitus senatum adire dubitavit.

c) Brutus Caesari dubitanti persuasit[1], ut veniret.

d) Caesar a Bruto persuasus[1] ad senatum venit.

e) Ibi Caesar a Bruto aliisque senatoribus circum-datus gladiis petitus est.

f) Caesar gladiis laesus dixit: Etiam tu, Brute?

g) Populus Caesarem occisum de-flevit.

1 persuadere, persuadeo, persuasi, persuasum (+ Dat.): überreden, überzeugen

3. Die neue Grammatik - Ablativus absolutus mit Partizip der Vorzeitigkeit Passiv

Im Prinzip funktionieren Ablativi absoluti mit Partizip der Vorzeitigkeit Passiv ähnlich wie ein PC.
Minimale Bestandteile eines abl. abs. sind _____ + _____.

           Troia   *capta*

Übersetzt wird ein Abl. abs. mit PVP am besten mit einem mit _____, _____ oder
_____ eingeleiteten Nebensatz.

Häufig steht ein abl. abs. am _____ des Satzes.

3.1 Partizipkonstruktionen erkennen
a) Finden Sie die Partizipien und unterstreichen Sie sie.
b) Klammern Sie den Partizipausdruck ein und entscheiden Sie: Abl. abs. oder PC?
c) Markieren Sie die entsprechende deutsche Übersetzung.

Etruscis Romam obsidentibus C. Mucius constituit Porsinnam regem necare. Nam indignum videbatur populum Romanum servientem regibus imperium obtinentibus liberum ab iisdem Etruscis obsideri, quorum saepe exercitus fudisset.	Als die Etrusker Rom belagerten, beschloss C. Mucius, König Porsenna zu töten. Denn es schien ihm unwürdig, dass das römische Volk damals diente, als noch die Könige die Herrschaft innehatten, und dass es, nachdem es frei geworden war, von denselben Etruskern belagert werde, deren Heere es oftmals zersprengt hatte.
Metuens ne si consulum iniussu et omnibus nescientibus in hostium castra iret, a custodibus Romanis retraheretur ut transfuga, senatum adiit.	Weil er fürchtete, dass er, wenn er ohne Befehl der Konsuln und ohne Wissen aller ins Lager der Feinde ginge, von den römischen Wachen zurückgeschleppt würde wie ein Überläufer, wandte er sich an den Senat.
Consilio probato Mucius in castra hostium abiit.	Weil der Plan Zustimmung gefunden hatte, ging Mucius ins feindliche Lager.
Sed ignarus non regem militibus stipendium dantem, sed scribam eius pari fere ornatu cum rege sedentem necavit.	Aber er tötete unwissentlich nicht den König, der gerade den Soldaten ihren Sold auszahlte, sondern dessen Schreiber, der in fast derselben prächtigen Kleidung beim König saß.
Quo facto abeuntem atque per trepidam turbam cruento mucrone sibi viam facientem regii satellites deprehenderunt atque ante tribunal regis duxerunt. Qui metuendus magis quam metuens, »Romanus sum« inquit, »civis; C. Mucium vocant. Hostis hostem occidere volui, sed non unus in te ego hos animos gessi. Longus post me ordo est idem decus petentium.«	Danach nahm ihn, als er wegging und sich durch die zitternde Menge mit blutigem Dolch einen Weg bahnte, die königliche Leibwache fest und führte ihn vor den Thron. Er jedoch sagte eher furchterregend als ängstlich: »Ich bin römischer Bürger. Mein Name ist C. Mucius. Ich wollte als Feind den Feind töten, aber ich bin nicht der einzige, der diese Gedanken gegen dich geführt hat. Die Reihe derer, die dieselbe Heldentat anstreben, nach mir ist lang.«
Rex nefas vindicare studens iussit ignem afferri, sed Mucius nihil metuens dexteram in flammas inicit. Ea torrente velut alienato ab sensu animo, permotus miraculo rex, »tu vero abi« inquit, »in te magis quam in me hostilia ausus. Nunc te intactum et liberum hinc dimitto.«	Weil der König diesen Frevel bestrafen wollte, ließ er Feuer herbeibringen, doch Mucius hielt unerschrocken seine rechte Hand in die Flammen. Während sie gleichsam gefühllos vor sich hinröstete, sagte der König, von diesem Wunder bewegt, »geh, du hast mehr Feindliches gegen dich als gegen mich gewagt. Jetzt schicke ich dich unversehrt und frei von hier weg.«
Quibus rebus gestis Mucius cognomine Scaevolae ornatus a senatoribus agro honoratus est.	Danach erhielt Mucius den Beinamen Scaevola und wurde von den Senatoren mit einem Stück Land geehrt.

3.2 Markieren Sie den Abl. abs. und übersetzen Sie.

a) Troia multos post annos a Graecis capta Aeneas patriam reliquit.

_____, verließ Aeneas seine Heimat.

b) Hostibus victis Augustus imperator factus est.

_____, wurde Augustus Kaiser.

c) Cena parata edimus. _____, speisen wir.

d) Regibus pulsis Romae consules regebant.

_____, herrschten in Rom Konsuln.

3.3 Satzbaukasten: Kombinieren Sie aus den Substantiven und Partizipien sechs sinnvolle Abl. abs. Übersetzen Sie und ergänzen Sie den Satz auf Deutsch.

Substantiv	Partizip
hostibus	victa / victo / victis
urbe	facta / facto / factis
cena	ardente / ardentibus
equis	pulsa / pulso / pulsis
liberis	visa / viso / visis
somno	cogente / cogentibus
animalibus	coacta / coacto / coactis
sideribus	inventa / invento / inventis
uxore	amante / amantibus
ratione	amata / amato / amatis

_____

_____

_____

_____

_____

_____

Lektion 17 | 73

Lektion 18

1. Der neue Wortschatz

Ergänzen Sie die deutschen Bedeutungen. Nehmen Sie, wenn nötig, Ihren Lernwortschatz zu Hilfe.

ideo		coniunx	
sequi		scire	
spes		ille	
nescire		loqui	
perdere		sumere	
hic		quaerere	
mori		salus	

1.1 Ergänzen Sie den Lückentext mit der richtigen Bedeutung des unterstrichenen Wortes.

Orpheus et Eurydica iuvenes coniuges erant.	Orpheus und Eurydike waren junge _____.
Aliquando illo nesciente haec cum amicis in prato ludens a serpente morsa et mortua est.	Eines Tages vergnügte sie sich, ohne dass _____ davon _____, mit ihren Freundinnen auf einer Wiese, wurde dabei von einer Schlange gebissen und _____.
Orpheus eam diu quaesivit, tum corpus invenit.	Orpheus _____ sie lange, dann fand er ihre Leiche.
Orpheus maxime dolebat, quod eam perdiderat.	Orpheus war sehr traurig darüber, dass er sie _____.
Ideo coniugem in regna inferna secutus est, ut eam a rege inferno peteret.	_____ _____ er seiner _____ in die Unterwelt, um sie vom König der Unterwelt zurückzufordern.
Spe enim impulsus est, ut sibi liceret cum rege loqui.	Er war nämlich von der _____ getrieben, dass es ihm erlaubt sein könnte, mit dem König zu _____.
Re vera hoc contingit: »Scis«, ait, »o rex, quanto dolore vexar.«	Tatsächlich gelang ihm _____ »Du _____, o König«, sagte er, »welch Schmerz mich plagt.«
»Quid tibi vis?« rex quaesivit ex eo.	»Was willst du?«, _____ ihn der König.
»Salutem uxoris!«	»_____ meiner Frau!«
Scimus regem precibus sub condicione quadam obsecutum esse.	Wir _____, dass der König diese Bitte unter einer bestimmten Bedingung gewährte.

1.2 Schreiben Sie eine kurze Geschichte auf Deutsch. Verwenden Sie darin mindestens drei Wörter aus der links oben stehenden Liste und fünf weitere aus dem Lektionswortschatz.

_____

_____

_____

_____

2. Die neue Grammatik - das Demonstrativpronomen *hic*

Auch dieses Pronomen tanzt in einigen Formen aus der Reihe. Die Endung im Gen. Sg. lautet -_____, im Dativ -_____. Das auslautende »c« ist dabei ursprünglich eine Verstärkung.

Nom. Sg.	hic / haec / hoc	Nom. Pl.	hi / hae / haec
Gen. Sg.		Gen. Pl.	
Dat. Sg.		Dat. Pl.	
Akk. Sg.		Akk. Pl.	
Abl. Sg.		Abl. Pl.	

2.1 Setzen Sie die passenden Formen dazu. Achten Sie auf Kongruenz!

_____ spem – _____ salutis – in _____ pectore – _____ animalia – _____ coniugi

3. Die neue Grammatik - das Demonstrativpronomen *ille*

Nom. Sg.	ille / illa / illud	Nom. Pl.	
Gen. Sg.		Gen. Pl.	
Dat. Sg.		Dat. Pl.	
Akk. Sg.		Akk. Pl.	
Abl. Sg.		Abl. Pl.	

3.1 Übersetzen Sie und erklären Sie den Unterschied in der Übersetzung von *illi*.

a) *Illi* amico donum dant, non *huic*. _____

b) *Illi* amico donum dant, non *hi*. _____

4. Die neue Grammatik – Deponentien

Deponentien (Sg. _____) sind Verben, die aussehen wie Passivformen, aber immer _____ übersetzt werden.

loquitur: _____

Besonderheit: Bemerkenswerterweise haben Deponentien aber sowohl ein PVP als auch ein PGA. Der Unterschied bei der Übersetzung besteht im Zeitverhältnis:

loquens: einer, der spricht   *locutus:* einer, der gesprochen hat/hatte

4.1 Führen Sie die Verbformen auf den Infinitiv zurück und übersetzen Sie die Form. Nehmen Sie notfalls den alphabetischen Wortschatz zu Hilfe.

loquimini		
secuti sunt		
moritur		
intuebar		
(cum) precareris		
complecti eratis		

4.2 Deponens oder nicht? Nennen Sie den Infinitiv und übersetzen Sie (alle im Indikativ).

quaesita est		
loquebatur		
augeantur		
occupatum est		
mortui sunt		
sumatur		
precaris		
vocer		
aucti sumus		
secuti essent		
perditum esse		

Lektion 19

1. Der neue Wortschatz

Ergänzen Sie die deutschen Bedeutungen. Nehmen Sie, wenn nötig, Ihren Lernwortschatz zu Hilfe.

quin		vetus	
deinde		fateri	
an		tempus	
domus		quidam	
causā		uti	
videri		primum	

1.1 Ergänzen Sie den Lückentext mit der richtigen Bedeutung des unterstrichenen Wortes.

»Non dubito, quin tempus sit, ut domum revertamur! Ecce! Luna orta est.	Ich zweifle nicht daran, _____ es _____ ist, dass wir nach _____ zurückkehren. Schau! Der Mond ist aufgegangen.
Mox quaedam larvae venient mali faciendi causa …«	Bald werden _____ Gespenster kommen, _____ Böses _____ tun.«
Fateor me primum horruisse, deinde verba matris derisi:	Ich _____, dass ich mich _____ gruselte, _____ aber lachte ich über die Worte meiner Mutter:
»Uteris verbis stultissimis! Nihil interest utrum abeam an maneam. Tu credere videris in domibus veteribus larvas vivere vel umbras infantes rapere. Ego autem – videsne quendam venientem …«	»Du _____ saudumme Wörter! Es ist völlig egal, ob ich weggehe _____ bleibe. Du _____ zu glauben, dass in _____ _____ Gespenster wohnen oder Totengeister Babys entführen. Ich aber – siehst du _____ kommen …«

1.2 Schreiben Sie eine kurze Geschichte auf Deutsch. Verwenden Sie darin mindestens drei Wörter aus der oben stehenden Liste und fünf weitere aus dem Lektionswortschatz.

1.3 Führen Sie die Verbformen auf den Infinitiv zurück. Nennen Sie alle Stammformen und die deutsche Bedeutung.

fatebaris	
iuvisse	
alti essent	
usa sum	
iussit	
fasso	
accidat	
crederetur	

2. Die neue Grammatik – quidam

Unschwer zu erkennen, ist das Pronomen quidam eine Zusammensetzung aus

_____ / _____ / _____ und dem unveränderlichen Suffix -dam.

Daher ist auch die Deklination analog zum Relativpronomen gebildet:

Nom. Sg.	qui-dam / quae-dam / quod-dam
Gen. Sg.	cu_____-dam
Dat. Sg.	cu_____-dam
Akk. Sg.	quen-dam / quan-dam / _____-dam
Abl. Sg.	qu_____-dam / qu_____-dam / qu_____-dam

Nom. Pl.	qu_____-dam / qu_____-dam / quae-dam
Gen. Pl.	quorun-dam / qu_____n-dam / _____
Dat. Pl.	quibus-dam
Akk. Pl.	qu_____-dam / qu_____-dam / qu_____-dam
Abl. Pl.	_____

Da es im Lateinischen keinen unbestimmten Artikel gibt, bezeichnet man mit *quidam* immer eine _____ Person/Sache, deren Namen man nicht nennen will/braucht.

– *De nece cuiusdam imperatoris Romani valde gaudebant.*
   Über die Ermordung eines (gewissen, hier nicht namentlich erwähnten) Kaisers freuten sich die Römer sehr.

– *Quidam putaverunt solem deum esse.*
   Gewisse Leute / einige (Leute) glaubten, die Sonne sei ein Gott.

3. Die neue Grammatik – Gerundium

Das Gerund ist ein substantiviertes Verb, das nach der _____-_____ dekliniert wird. Zu erkennen ist es an _____.

ars cantandi difficilis est – die Kunst des Singens/zu singen/die Sangeskunst ist schwierig

voce ad cantandum utimur – zum _____ gebrauchen wir die Stimme

cantando alios iuvamus – durch Singen erfreuen wir andere

3.1 Übersetzen Sie die Gerundkonstruktionen a) mit einem dt. Infinitiv und b) mit einem Substantiv.

occasio servandi	die Gelegenheit zu retten / zur Rettung
spes vincendi	die Hoffnung
timor moriendi	die Furcht
ars vivendi	die Kunst
tempus abeundi	die Zeit
multum laborando procedimus	wir kommen voran
venimus ad spectandum	wir kommen
audiendo multum discimus	wir lernen viel
cupidi bene ad-veniendi sumus	wir sind bestrebt, gut

4. Die neue Grammatik – Gerundiv

Anstelle eines Gerundiums verwendet das Lateinische in bestimmten Fällen eine Gerundivkonstruktion. Im Unterschied zum Gerundium sind Gerundive keine Substantive, sondern _____, die zu ihrem Bezugswort _____-Kongruenz aufweisen.

ars civitatis regendae – die Kunst, den Staat zu regieren / die Kunst der Staatsführung

ad urbem condendam – um eine Stadt zu gründen / zur Gründung einer Stadt

Bei der Übersetzung des Gerundivs geht man also folgendermaßen vor:

a) Das Gerundiv wird mit _____ übersetzt, das Bezugswort bildet das Objekt dazu.

b) Das Gerundiv wird zu einem deutschen _____substantiv, das Bezugswort bildet das Genitivattribut.

4.1 Formen Sie auf Deutsch gemäß dem Beispiel um! (nicht alle Formulierungen sind wohlklingend)

die Kunst, den Staat zu führen → die Kunst der Staatsführung

a) die Gelegenheit, siegreich heimzukehren → _____

b) der Wunsch, gute Taten zu vollbringen → _____

c) um schnell eine Entscheidung herbeizuführen → _____

d) die Hoffnung, seine Freunde zu retten → _____

e) die Sehnsucht, bald gesund zu werden → _____

4.2 Übersetzen Sie die Gerundivwendungen:

a) tempus itineris faciendi _____

b) consilium urbis capiendae _____

c) ad amicos servandos _____

d) veri dicendi causa _____

e) spes domus restituendae[1] _____

1 restituere: wiederherstellen

4.3 Finden Sie die Gerund-/Gerundivformen heraus. Bestimmen Sie alle anderen Formen. Nehmen Sie notfalls den alphabetischen Wortschatz zu Hilfe.

occidi – petendum – agendis – fundis – solvendo – unda – tantum – pereuntis – defendi – premendi – dans – videndae – unde – facientium – ducendorum

Lektion 20

1. Der neue Wortschatz

Ergänzen Sie die deutschen Bedeutungen. Nehmen Sie, wenn nötig, Ihren Lernwortschatz zu Hilfe.

tot		idem	
bibere		mater	
dolor		postremo	

1.1 Ergänzen Sie den Lückentext mit der richtigen Bedeutung des unterstrichenen Wortes.

| Mater: »Semper eadem! Dolores meos auges, fili, cum tantum vini bibis. Tot medici dicunt pericula bibendi maxima esse, sed tu –. Postremo te amittam …«

 Pater: »Fili, audi verba matris!« | _____: »Immer _____! Du vermehrst meine _____, mein Sohn, wenn du so viel Wein _____. _____ Ärzte sagen, dass die Gefahren des _____ riesig sind, aber du –. _____ werde ich dich noch verlieren.«

 Vater: »Mein Sohn, hör auf die Worte _____!« |

1.2 Schreiben Sie eine kurze Geschichte auf Deutsch. Verwenden Sie darin mindestens drei Wörter aus der oben stehenden Liste und fünf weitere aus dem Lektionswortschatz.

_____

_____

_____

1.3 Führen Sie die Verbformen auf den Infinitiv zurück. Nennen Sie alle Stammformen und die deutsche Bedeutung.

bibisse	
occidenda	
usa	
flendo	
fassi sunt	
teneretur	

2. Die neue Grammatik – idem/eadem/idem

Dass Pronomina ein unveränderliches Suffix enthalten können, kennen Sie bereits von quidem, dessen Deklination sich im Wesentlichen nach qui/quae/quod richtet. In ähnlicher Weise ist idem/eadem/idem eine Zusammensetzung von _____ + -dem.

Nom. Sg.	idem / eadem / idem
Gen. Sg.	_____dem
Dat. Sg.	_____dem
Akk. Sg.	eundem / _____ / _____
Abl. Sg.	_____ / eadem / _____

Nom. Pl.	iidem (Kurzform: idem) / eaedem / eadem
Gen. Pl.	eorundem / _____ / _____
Dat. Pl.	iisdem (eisdem; Kurzform: isdem)
Akk. Pl.	_____ / _____ / _____
Abl. Pl.	_____ (_____; Kurzform: isdem)

2.1 Setzen Sie die entsprechenden Formen von idem dazu!

_____ matres – _____ doloribus – _____ temporis –

_____ domos – _____ coniugi

3. Die neue Grammatik – Gerundiv mit *esse*

Das Gerundiv mit *esse* drückt eine _____ aus, z. B.:

tacendum est: Es muss geschwiegen werden. / Man muss schweigen.

leges servandae sunt: Gesetze müssen eingehalten werden. / Man muss Gesetze einhalten.

Die Person, die etwas tun muss, steht im sogenannten _____ _____

(_____ des _____):

Omnibus leges servandae sunt.

Von allen müssen die Gesetze eingehalten werden. / Alle müssen die Gesetze einhalten.

Mit Verneinung bedeutet das Gerundiv mit *esse*: _____

Animalia vexanda non sunt: Tiere _____ nicht gequält werden.

3.1 Übersetzen Sie.

a) Omnibus veniendum est. _____

b) Iter nobis faciendum fuit. _____

c) Omnibus moriendum est. _____

d) Hostibus urbs capienda non est. _____

e) Multum bibendum tibi non est. _____

f) Dolori temperandum vobis est. _____

g) Hostibus nobis temperandum¹ est. (2×) _____

1 **temperare** + Dat.: schonen

3.2 Satzbaukasten: Bilden Sie aus dem Formenspeicher fünf Sätze und übersetzen Sie.

Dativus auctoris	Subjekt	Gerundiv mit esse (ggf. mit Verneinung)
servo	toga	timendus / timenda / timendum (non) est
equo	forum	regendus / regenda / regendum (non) est
civibus	vinum	bibendus / bibenda / bibendum (non) est
militibus	pax	quaerendus / quaerenda / quaerendum (non) est
omnibus	uxor	sumendus / sumenda / sumendum (non) est
animalibus	dominus	relinquendus / relinquenda / relinquendum (non) est
amico	res publica	respiciendus / respicienda / respiciendum (non) est
Romanis	navis	sequendus / sequenda / sequendum (non) est
nobis	hostis	ferendus / ferenda / ferendum (non) est

Lektion 21

1. Der neue Wortschatz

Ergänzen Sie die deutschen Bedeutungen. Nehmen Sie, wenn nötig, Ihren Lernwortschatz zu Hilfe.

hic		plenus	
ergo		pati	
monstrare		transire	
iste		velle	
iterum		quicumque	

1.1 Ergänzen Sie den Lückentext mit der richtigen Bedeutung des unterstrichenen Wortes.

»Transite ad meam tabernam! Quid vultis? Ecce: hic sunt panes sesamo vel papavere sparsi. Quid aliud tibi monstrem?	»_____ zu meinem Laden! Was _____? Schaut: _____ gibt es Brote mit Sesam bestreut oder mit Mohn. Was darf ich dir noch _____?
Plenae sunt corbes! Spectate haec mala viridia et ista rubra.	Die Körbe sind _____! Schaut _____ grünen und _____ roten Äpfel _____ an.
Quaecumque vis, tibi monstrare possum. Meliora sunt quam in taberna istius, qui vendit iuxta me. Emite ergo apud me! Transite ad meam tabernam …!«	_____ du _____, kann ich dir _____. Es ist besser als im Laden _____, der nebenan verkauft. Kauft _____ bei mir! _____ zu meinem Laden!«
»Quid sibi vult iste garrulus? Iterum eadem dicit. Non patior. Abeamus!«	»Was _____ denn _____ Schwätzer _____? Er sagt schon _____ dasselbe. Das _____ nicht. Hauen wir ab!«

1.2 Schreiben Sie eine kurze Geschichte auf Deutsch. Verwenden Sie darin mindestens drei Wörter aus der oben stehenden Liste und fünf weitere aus dem Lektionswortschatz.

_____

_____

_____

_____

1.3 Führen Sie die Verbformen auf den Infinitiv zurück. Nennen Sie alle Stammformen und die deutsche Bedeutung.

transeant	
redeundi	
secutos	
patereris	
laeserant	

2. Die neue Grammatik – Pronomina

a) iste

Iste ist eine Zusammensetzung von _____ + hinweisendes Suffix -te (»da«).

Nom. Sg.	iste / ista / istud	Nom. Pl.	isti / istae / ista
Gen. Sg.		Gen. Pl.	
Dat. Sg.		Dat. Pl.	
Akk. Sg.		Akk. Pl.	
Abl. Sg.		Abl. Pl.	

b) quicumque

Quicumque ist eine Zusammensetzung von _____ + verallgemeinerndes Suffix
-*cumque* (»auch immer«). Der vordere Teil wird wie _____ dekliniert, der hintere bleibt
_____.

Nom. Sg.	qui / quae / quod – cumque	Nom. Pl.	
Gen. Sg.		Gen. Pl.	
Dat. Sg.		Dat. Pl.	
Akk. Sg.		Akk. Pl.	
Abl. Sg.		Abl. Pl.	

2.1 Trennen Sie den vorderen Teil ab und erschließen Sie die Bedeutung. Nehmen Sie notfalls den Wortspeicher zu Hilfe.

ubicumque – undecumque – quibuscumque – quandocumque – qualiscumque – quantuscumque

3. Die neue Grammatik – das Futur

a) a-/e-Konjugation: bo-bi-bu-Futur

Das Futur wird vom _____ stamm gebildet.

Aktiv		
1. Pers. Sg.	laudaBo	ich werde loben
2. Pers. Sg.	lauda____s	du
3. Pers. Sg.	lauda____t	
1. Pers. Pl.	lauda____	
2. Pers. Pl.	lauda____	
3. Pers. Pl.	lauda____	

Passiv		
1. Pers. Sg.	laudaBor	ich werde gelobt werden
2. Pers. Sg.	laudaBEris	du
3. Pers. Sg.	lauda_____	
1. Pers. Pl.	lauda_____	
2. Pers. Pl.	lauda_____	
3. Pers. Pl.	lauda_____	

b) i-, kons. und kurzvokalische Konjugation

Diese Konjugationen haben die Vokale _____ und _____ als Kennzeichen des Futurs.

Aktiv		
1. Pers. Sg.	pon____m	ich werde stellen
2. Pers. Sg.	pon____s	du
3. Pers. Sg.	pon____t	
1. Pers. Pl.	pon____	
2. Pers. Pl.	pon____	
3. Pers. Pl.	pon____	

Passiv		
1. Pers. Sg.	audi____r	ich werde gehört werden
2. Pers. Sg.	audi____ris	du
3. Pers. Sg.	audi____	
1. Pers. Pl.	audi____	
2. Pers. Pl.	audi____	
3. Pers. Pl.	audi____	

c) Sonderformen: das Futur von *esse* und *ire*

	esse		*ire*	
1. Pers. Sg.	ero	ich werde sein	ibo	ich werde gehen
2. Pers. Sg.	er____s	du	i____s	du
3. Pers. Sg.	er____		i____	
1. Pers. Pl.	er____		i____	
2. Pers. Pl.	er____		i____	
3. Pers. Pl.	erunt		i____	

3.1 Setzen Sie die Wörter ins Futur und übersetzen Sie. Wenn Sie unsicher sind, klären Sie zuvor mithilfe des alphabetischen Wortschatzes, zu welcher Konjugation das Wort gehört.

tenet	e-Konjugation	tenebit	er wird halten
monstrant			
iubeo			
negamus			
videt			
sumo	kons. Konj.	sumam	ich werde nehmen
audit			
nescio			
utor			
credis			
cenant			
est			
laedimus			
interrogat			
moneor			
sum			
appellat			
facitis			
eunt			
vocantur			
venitis			
loquitur			

3.2 Nicht nur Futur: Welche Form passt nicht? Begründen Sie Ihre Auswahl.

a) vocabis – nobis – monebis – narrabis: _____

b) dicam – agam – novam – faciam: _____

c) videt – iubebit – sumet – amittet: _____

d) vincent – petent – tenent – credent: _____

3.3 Vokale und Konjugationen: Ist die Form Indikativ Präsens, Konjunktiv Präsens oder Futur? Entscheiden Sie und bilden Sie die anderen Formen.

interrog*at*	a-Konj.	Ind. Präs.	→ Konj.: interroget	→ Fut.: interrogabit
praestamus				
appellet				
inveniat				
faciet				
monetis				
condas				
quaeretur				

4. Die neue Grammatik – velle

Die Formen von *velle* sind nur im _____ stamm unregelmäßig, besonders im Indikativ und Konjunktiv Präsens.

Präsens	Indikativ	Konjunktiv
1. Pers. Sg.	volo	velim
2. Pers. Sg.	_____	
3. Pers. Sg.	vult	
1. Pers. Pl.	v_____	
2. Pers. Pl.	vultis	
3. Pers. Pl.	_____	

4.1 Bestimmen und übersetzen Sie (nur die Indikativ-Formen).

a) vult		e) velletis	
b) volebas		f) velitis	
c) volet		g) vellent	
d) volent		h) velint	

88 | Lektion 21

Lektion 22

1. Der neue Wortschatz

Ergänzen Sie die deutschen Bedeutungen. Nehmen Sie, wenn nötig, Ihren Lernwortschatz zu Hilfe.

imperator		resistere	
huc		dies	
paene		iudicare	
os		apparere	

1.1 Ergänzen Sie den Lückentext mit der richtigen Bedeutung des unterstrichenen Wortes.

»Resistite imperatori et exercitui hostium, qui iam procul apparent atque huc venient!	_____ dem _____ und dem Heer der Feinde, die schon in der Ferne _____ und _____ kommen werden, _____!
Post paucos dies vincemus!	Nach wenigen _____ werden wir siegen!
Fama vestra per os totius paene populi erit!	Euer Ruf wird im _____ _____ des ganzen Volkes sein!
Nemo vos iudicabit, immo imperator Vespasianus nos laudabit.«	Keiner wird euch _____, vielmehr wird uns _____ Vespasian loben.«

1.2 Schreiben Sie eine kurze Geschichte auf Deutsch. Verwenden Sie darin mindestens drei Wörter aus der oben stehenden Liste und fünf weitere aus dem Lektionswortschatz.

_____

_____

_____

_____

1.3 Führen Sie die Verbformen auf den Infinitiv zurück. Nennen Sie alle Stammformen und die deutsche Bedeutung!

iudicaveritis	
apparebunt	
restiterit	

2. Die neue Grammatik – Futur II

Geben Sie an, wo auf dem Zeitstrahl Futur I und Futur II zu verorten sind!

```
←——————×——————×——————×——————→
      Präsens
```

Demnach ist Futur II _____ zu Futur I. Dies erklärt auch die Zugehörigkeit des Futur II zum _____ stamm.

	Aktiv	Passiv
1. Pers. Sg.	laudav-ero	laudatus, a ero
2. Pers. Sg.	laudav-eris	laudatus, a _____
3. Pers. Sg.	laudav-_____	laudatus, a, um _____
1. Pers. Pl.	laudav-_____	laudati, ae _____
2. Pers. Pl.	laudav-_____	laudati, ae _____
3. Pers. Pl.	laudav-erint	laudati, ae, a _____

Das Deutsche kennt eigentlich kein Futur II (wörtl. ich werde gelobt haben / sie werden gelobt worden sein) – bei der Übersetzung kann man zwischen _____ oder _____ wählen.

2.1 Wenn – dann: Übersetzen Sie.

a) Si nihil[1] didiceris[2], respondere non poteris.

_____

b) Si hostes victi erunt, milites gaudebunt.

_____

c) Si bene vixeris, optime morieris.

_____

d) Nisi tempore opportuno[3] veneris, nihil[4] accipies.

_____

1 nihil: nichts – **2 discere, disco, didici:** lernen – **3 tempore opportuno:** rechtzeitig – **4 nihil:** nichts

3. Die neue Grammatik – Das Partizip Futur / Partizip der Nachzeitigkeit Aktiv

Sie kennen bereits zwei Partizipien:

1. das Partizip der Gleichzeitigkeit Aktiv (PGA): *vid-ens* »sehend«
2. das Partizip der Vorzeitigkeit Passiv (PVP): *vis-us, a, um* »gesehen«

Das Partizip der Nachzeitigkeit wird wie das PVP vom Perfektstamm Passiv gebildet:

vis-urus, a, um   »einer, der sehen wird«

Funktion und Übersetzung:

a) Im AcI steht es teils mit, teils ohne *esse*. Es wird mit dem deutschen _____ übersetzt.

Pater dixit se mox in Africam profecturum (esse).

Vater sagte, dass er bald in die Provinz Africa _____ _____.

b) In Partizipkonstruktionen drückt es meist eine Absicht aus:

Parasiti et liberti veniunt Plinium salutaturi (grüßen).

Die Schmarotzer und Freigelassenen kommen, _____ Plinius zu _____.

Etiam Syrus caupo venturus erat, sed taberna eius flagrabat.

Auch der Wirt Syrus _____ _____, aber seine Kneipe stand in Flammen.

3.1 Bilden Sie aus dem Wortspeicher jeweils zwei Sätze mit Partizip bzw. Infinitiv Futur. Übersetzen Sie.

| Amici
Hostes
Bestiae | veniunt
dicunt
sperant (hoffen) | (se) | cum Plinio \| cum Cicerone
cum familia \| cum equis
Plinium \| Ciceronem
equos \| urbem \| servos | lusuri (lusuros esse)
cenaturi (cenaturos esse)
locuturi (locuturos esse)
visuri (visuros esse)
capturi (capturos esse)
secuturi (secuturos esse) |

_____

_____

_____

_____

_____

_____

Lektion 23

1. Der neue Wortschatz

Ergänzen Sie die deutschen Bedeutungen. Nehmen Sie, wenn nötig, Ihren Lernwortschatz zu Hilfe.

quisquis		quidem	
pecunia		parum	
novisse		noscere	
aliquis		aedes	

1.1 Ergänzen Sie den Lückentext mit der richtigen Bedeutung des unterstrichenen Wortes.

»Quidquid id est, timeo Danaos et dona ferentis.« –	»_____ das ist, ich fürchte die Danaer, auch wenn sie Geschenke bringen.« *(Zitat aus der Aeneis, dem Nationalepos der Römer)*
»… dixit aliquis. Multa quidem novisti, sed tempus est alia noscendi.«	»… sagte _____. Du _____ _____ viel, aber jetzt ist es Zeit, anderes _____.«
»Libenter loca peregrina videbo, sed mihi parum pecuniae est, quamquam multum laboravi.«	»Ich werde mir gern eine fremde Gegend anschauen, aber ich habe _____ _____, obwohl ich fleißig gearbeitet habe.«
»I ad aedem Saturni – ibi est aerarium. Fortasse nemo te deprehendet …«	»Geh doch zum Saturn _____ – dort befindet sich die Staatskasse. Vielleicht ertappt dich keiner …«
»Optime – tum pecuniam in aedes meas portabo neque quisquam noverit, quae fecerim.«	»Super – dann bring ich das _____ in mein _____ und keiner wird _____, was ich gemacht habe.«

2. Die neue Grammatik – aliquis

Das Indefinitpronomen *aliquis* ist eine Zusammensetzung aus dem unveränderlichen Präfix *ali-* (irgend) und dem Pronomen *quis,* das allein dekliniert wird:

Nom. Sg.	ali-quis (Neutrum: ali-quid)
Gen. Sg.	ali-
Dat. Sg.	ali-
Akk. Sg.	ali- (Neutrum: ali-_____)
Abl. Sg.	ali-

3. Die neue Grammatik – Konjunktiv im Hauptsatz: Irrealis

Wenn das Wörtchen »wenn« nicht wär, wär mein Vater Millionär.

Wenn wir im Deutschen Aussagen als irreal/nicht wirklich kennzeichnen wollen, benutzen wir den Konjunktiv II der Gegenwart bzw. der Vergangenheit:

(ich würde kommen) ich käme bzw. *ich wäre gekommen*
(vgl. Präteritum: ich kam) (vgl. Plusquamperfekt: ich war gekommen)

Im Lateinischen entspricht dem der Konjunktiv _____ bzw. _____.
venirem bzw. *venissem*

Falls Sie sich nicht mehr an die Formenbildung erinnern, wiederholen Sie bitte die Übungen in Lektion 11.

3.1 Der Irrealis im Deutschen: Bilden Sie jeweils den Konjunktiv II der Gegenwart und der Vergangenheit.

er sitzt	*er würde sitzen / er säße*	*er hätte gesessen*
du kaufst		
du glaubst		
sie machen		
ich bin		
er kann		
sie wollen		
ich habe		

3.2 Bilden Sie den Konjuktiv Imperfekt und Plusquamperfekt und übersetzen Sie.

amare	si ama-re-t *wenn er liebte / lieben würde*	si amav-isse-t *wenn er geliebt hätte*
habitare	si _____ wenn er	si _____ wenn er
audire	si _____ wenn sie	si _____ wenn sie
facere	si _____ wenn ich	si _____ wenn ich
videre	si _____ wenn wir	si _____ wenn wir

3.3 Unterstreichen Sie aus folgender Wortliste die Prädikate im Konjunktiv.

iissemus – clames – clamorem – sequere – calidissimus – ferrer – patres – tenuerit – morieris – invenisset – essem – quaesivissetis

3.4. Übersetzen Sie.

a) Si bene disceres¹, könntest du Erfolg haben. _____

b) Nisi amicos adiuvaremus², wären sie aufgeschmissen. _____

c) Wenn ich Geld hätte, tibi darem. _____

d) Wenn ich Zeit hätte, abirem ad amicos. _____

e) Wenn jetzt Ferien wären, hic non sederemus. _____

f) Si Hannibal Romanos vicisset, müssten wir vielleicht Phönizisch lernen. _____

g) Wenn du schon gestern gekommen wärst, hodie iam abissemus. _____

h) Si bene didicissem¹, hätte ich keine schlechten Noten bekommen. _____

i) Wenn der Patient nicht so spät gekommen wäre, servatus esset. _____

1 discere, disco, didici: lernen – **2 adiuvare:** helfen

Lektion 24

1. Der neue Wortschatz

Ergänzen Sie die deutschen Bedeutungen. Nehmen Sie, wenn nötig, Ihren Lernwortschatz zu Hilfe.

gerere		nasci	
rapere		scilicet	

1.1 Ergänzen Sie den Lückentext mit der richtigen Bedeutung des unterstrichenen Wortes.

Nemo natus est ad bellum gerendum. Res, quae ab aliquo raptae sunt, restituendae sunt – ab eo scilicet, qui eas dempsit.	Keiner _____ dazu _____, Krieg zu _____. Gegenstände, die von jemandem _____, müssen ersetzt werden – _____ von demjenigen, der sie genommen hat.

2. Die neue Grammatik – Konjunktiv im Hauptsatz

Der Konjunktiv Präsens im Hauptsatz hat verschiedene Funktionen:

a) Ausdruck einer Möglichkeit: _____

hoc facile negem   *da* _____ *ich leicht »nein« sagen*

dicat aliquis   *jemand* _____ *sagen*

b) Ausdruck eines Wunsches: _____

(utinam) bene domum venias! _____ *kommst du gut nach Hause.*

c) Ausdruck einer Aufforderung: _____

veniatis! → Aufforderung, 2. Person → ihr sollt kommen

abeamus! → _____ → _____

quid faciam? → _____ → _____

2.1 Übersetzen Sie die Konjunktive und benennen Sie die Funktion.

Es gab in Athen ein großes, geräumiges Haus, doch es war verrufen und todbringend. In der Stille der Nacht erschien gewöhnlich ein Gespenst. An den Füßen trug es Fesseln, an den Händen Ketten. Damit rasselte es. Deswegen durchwachten die Einwohner traurige und grausige Nächte in Angst und Schrecken:

»Quid faciamus? Hic neque dormiamus neque manere velimus. Iam multos dies larva ista somnum fugavit. Utinam abeat!«	»Was _____? Hier _____ noch _____. Schon viele Tage hat dieses Gespenst uns den Schlaf verjagt. _____ _____ es!«

Natürlich verschwand es nicht. Dann schließlich war das Haus verlassen, zur Einsamkeit verdammt und völlig jenem Unhold überlassen. Es wurde trotzdem zum Verkauf angeboten. Da kam nach Athen der Philosoph Athenodorus, las die Anzeige, und als er den Preis erfahren hatte, forschte er sorgfältig nach, weil ihm der Spottpreis verdächtig vorkam, und bekam folgendes zu hören:

»Sis prudens! Ne hanc domum emas! Immo fugias neque intres!	»_____ klug! _____ dieses Haus nicht! Vielmehr _____ du _____ und nicht _____!«
»Taceas«, inquit Athenodorus, »haec res mihi placet. Libentissime emam!«	»Du _____«, sagte Athenodorus, »das gefällt mir! Ich _____ es mit größtem Vergnügen _____!«
Ubi coepit advesperascere, iubet servos: »Sternatur (eine Decke ausbreiten) mihi in prima domus parte! Afferatis pugillares, stilum, lumen! Abeatis omnes in interiora!«	Als es Abend wurde, befahl er seinen Sklaven: »_____ mir im vorderen Teil des Hauses _____! Ihr _____ mir Schreibtafel, Griffel und Licht _____! _____ alle ins Innere des Hauses!«

Er selbst konzentriert sich aufs Schreiben, damit er nicht sich in seiner Phantasie die Erscheinungen, von denen man ihm berichtet hatte, und blanke Produkte seiner Angst einbildete.
Zuerst: wie überall, Stille der Nacht. Dann klirrte Eisen, rasselten Ketten. Jener aber wandte die Augen nicht ab und legte den Griffel nicht beiseite. Da steigerte sich der Lärm, kam näher und war bald gleichsam an der Schwelle, bald gleichsam im Raum zu hören. Er dreht sich um, sieht und erkennt die beschriebene Erscheinung. Die stand da, winkte mit dem Finger, als wollte sie rufen. Dann rasselte sie beim Kopf des Schreibenden mit den Ketten. Er sieht nur wieder dieselbe winkende Gestalt wie vorher; unverzüglich nimmt er die Lampe und folgt ihr, doch plötzlich war sie verschwunden. Der Verlassene pflückte Gras und Blätter und markierte damit die Stelle.

Postero die adit magistratus, monet: »Veniatis ad meam domum. Fabri loco designato effodiant. Rem mirabilem invenietis!« »Videamus! Tecum veniamus!«	Am folgenden Tag geht er zu den Behörden und fordert sie auf: »Ihr _____ zu meinem Haus _____. Handwerker _____ an der markierten Stelle graben. Ihr werdet staunen!« »_____! Wir _____ mit dir _____!«

Man fand ein Skelett, in Ketten gewickelt, das von der Leiche nach der langen Zeit in der Erde durch die Verwesung nackt und bloß in den Ketten zurückgeblieben war. Man barg es und setzte es auf Staatskosten bei. Das Haus war nach der ordnungsgemäßen Bestattung frei von Geistern.

Bibliografische Information der Deutschen Nationalbibliothek:
Die Deutsche Nationalbibliothek verzeichnet diese Publikation in der
Deutschen Nationalbibliografie; detaillierte bibliografische Daten sind
im Internet über http://dnb.de abrufbar.

© 2019, Vandenhoeck & Ruprecht GmbH & Co. KG, Theaterstraße 13, D-37073 Göttingen
Alle Rechte vorbehalten. Das Werk und seine Teile sind urheberrechtlich
geschützt. Jede Verwertung in anderen als den gesetzlich zugelassenen Fällen
bedarf der vorherigen schriftlichen Einwilligung des Verlages.
Satz: SchwabScantechnik, Göttingen
Druck und Bindung: ⊕ Hubert & Co. BuchPartner, Göttingen
Printed in the EU

Vandenhoeck & Ruprecht Verlage | www.vandenhoeck-ruprecht-verlage.com

ISBN 978-3-525-71154-5